GOTTESDIENST PRAXIS SERIE A

Arbeitshilfen für die Gottesdienste
zu den Sonn- und Feiertagen
des Kirchenjahres

Herausgegeben von Erhard Domay

Gütersloher Verlagshaus

GOTTESDIENST-PRAXIS

IV. Perikopenreihe

Band 3: 9. Sonntag nach Trinitatis bis Ewigkeitssonntag

Gütersloher Verlagshaus

Die Deutsche Bibliothek – CIP-Einheitsaufnahme

Gottesdienstpraxis / hrsg. von Erhard Domay. –
Gütersloh : Gütersloher Verl.-Haus.

Ser. A, Arbeitshilfen für die Gottesdienste zu den Sonn-
und Feiertagen des Kirchenjahres.
Perikopenreihe 4.
NE: Domay, Erhard [Hrsg.]; 1. Abt.

Bd. 3: 9. Sonntag nach Trinitatis bis Ewigkeitssonntag. – 1994
ISBN 3-579-02883-9

ISBN 3-579-02883-9

Satz: Satz-Service-Berkemeier, Gütersloh
Druck und Bindung: Ebner Ulm
Umschlagentwurf: Franz Wöllzenmüller, Oberhaching
Umschlagbild: © Benedikt Werner Traut, 95152 Selbitz
Weizenkorn, 1974, Farbholzschnitt 60,0 x 72,5 cm

Gedruckt auf chlorfrei gebleichtem Werkdruckpapier.

Printed in Germany

Inhalt

9. Sonntag nach Trinitatis

Predigttext: Jeremia 1,4–10

Corinna Dahlgrün

Theologisch-homiletische Skizze

1. Der Auslegung von J. Hausmann (IV,4 Exegesen) stimme ich zu, doch bündelt ihre hermeneutische Konsequenz m.E. die von ihr bedachte Motivvielfalt des Textes zu stark zum Predigtziel des ›Das‹ der göttlichen Beauftragung des einzelnen. Demgegenüber hielte ich eine homiletische Beschäftigung z.B. mit der Unentrinnbarkeit der Gott-Prophet/Mensch-Beziehung (Vers 5) durchaus für lohnend, ebenso mit dem Universalismus des Textes (Vers 5.10), mit der Frage der Berührung von göttlicher und menschlicher Wirklichkeit (Vers 9), oder mit den Inhalten der Verkündigung (Vers 10) – wenn auch diese Vielfalt Entscheidungen der Predigenden unumgänglich macht.

Über die einzelnen Motive hinaus weist der Text eine starke und für die homiletische Umsetzung interessante Dynamik auf. Aktiv von Gott aus: Er erwählt, befiehlt, ermutigt und berührt. Passiver und wohl eigens bewußt zu machen vom Menschen aus: Er hört, widerspricht, schweigt (zustimmend?) und wird erfüllt. Dabei sind Anspruch und Zuspruch, Härte und Trost gleichermaßen enthalten und gehören zusammen: Die Erwählung vermittelt sowohl das Aufgehobensein in dem ›Kennen‹ als auch die Vereinsamung durch die ›Aussonderung‹; der Anspruch erfolgt ohne Ermäßigung, doch mildert die Zusage des Mit-Seins das Alleinsein; die Berührung überwältigt und beschenkt. Gott wird dem Menschen erfahrbar in der Bewegung der Inanspruchnahme und in Spannungen.

2. Bewegung und Spannung des Textes sind mir zugänglich geworden durch eine Erfahrung in einer Bibliodrama-Woche zu Johannes dem Täufer. Der folgende Dialog zwischen dem herangewachsenen und stark im Geist gewordenen Johannes in der Wüste und dem zu ihm gekommenen Wort Gottes ist aus der Situation heraus gesprochen, ohne bewußte Erinnerung an biblische Vorbilder. Das Wort (W) nähert sich Johannes (J) von hinten: »Steh auf, es ist Zeit, geh zu den Menschen.« J fühlt sich gefunden, ist aber zum Aufstehen nicht in der Lage: »Aber ich bin zu klein.« W: »Du bist groß.« Diese Zusicherung genügt J noch nicht, J formuliert die Angst vor der Aufgabe, und: »*Diese* Einsamkeit kenne ich.« W: »Gerade darum. Geh und sprich den Leuten von ihrer Wüste, sie haben alle eine in sich.« J: »Und ich?« W: »Du auch. Darum. Aber du bist nicht allein. Ich gehe mit dir.« Erst auf dieses Versprechen hin und mit der Hand des Wortes im Rücken war es J möglich, aufzustehen, Vertrauen zu riskieren und sich der Aufgabe zu stellen. Folgerungen: Befehl und Zusage, Forderung und Verlockung gehören zusammen, sonst gehorchte man aus Angst, oder aus der Bequemlichkeit der Unterordnung unter den stärkeren Willen. Keine In-Dienst-Nahme ist möglich ohne die menschliche Zustimmung. Berührung stärkt.

3. Eingangsvotum, Lesungen, Gebete und Wochenlied dieses sommerlichen Sonntags betonen die von Gott gegebene Aufgabe des Menschen und seine Verantwortung; sie legen eine Selbstprüfung – und wohl unumgänglich eine Versagensmeldung –

seitens der Beauftragten nahe. Eine Verengung der Textaussage durch die Einfügung in einen solchen Zusammenhang möchte ich vermeiden und statt dessen auch außerhalb der Predigt dem Zuspruch (neben dem Anspruch) und dem menschlichen Erleben der göttlichen Beauftragung Raum geben. Dazu gehört für mich, die Vokabel ›Aufgabe‹ mit ihrem werkbetonten ethischen Beiklang nur sparsam zu verwenden und lieber von ›Weg‹ zu sprechen (»zu allen, zu denen ich dich sende, wirst du gehen«).

4. Auch in dieser Ausweitung bietet der Text zahlreiche Provokationen: Der Mensch muß sich zu dem Spannungsbogen von Anspruch und Zuspruch, der ihm den ihm bestimmten Weg weist, verhalten. Seine Freiheit ist dabei mehr eine Freiheit der Zustimmung, des Annehmens als Autonomie. Auflehnung würde via negationis an den Auftrag binden und wäre damit Weg in und Ausdruck von Unfreiheit. Zudem bedeutete sie ein Verfehlen der Bestimmung, damit die Erfahrung von Sinnlosigkeit – denn die Sendung gibt einen klaren und unbezweifelbaren Lebenssinn. Wer sich dem Auftrag verweigert, bleibt unbeweglich, verfehlt sein Leben. Einer solchen Einsicht gegenüber steht die Angst vor der Aufgabe, die Wahrheit (Gottes) zu sagen – es ist nicht leicht, und man wird dafür selten geliebt. Ohne die Zusage der Hilfe Gottes fiele die Zustimmung zu schwer.

Zur Liturgie

Der liturgische Rahmen des Gottesdienstes kann der Gemeinde Hilfen anbieten, mit den Provokationen und Härten des Textes umzugehen, indem zum einen der göttliche Zuspruch an verschiedenen Stellen stärkend und ermutigend begegnet, und indem zum anderen Erlebens- und Umgehensmöglichkeiten des Menschen mit dieser spannungsreichen Gotteserfahrung Ausdruck finden.

Eingangsvotum

Siehe, ich habe dir geboten, daß du getrost und unverzagt seist. Laß dir nicht grauen und entsetze dich nicht, denn der Herr, dein Gott, ist mit dir in allem, was du tun wirst. (Josua 1,9)

Introituspsalm

Psalm 139,1–14.23f.

Kollektengebet

Ewiger und barmherziger Gott. / Du kennst unser Herz und alle unsere Gedanken. / Du weißt um unsere Fähigkeiten und um unsere Grenzen. / So wie wir sind, rufst du uns auf deinen Weg. / Wir bitten Dich: Bleibe bei uns auf diesem Weg, stärke uns mit deiner Kraft und leite uns in deiner Liebe / zur Wahrheit, zur Gerechtigkeit und zum Leben. / Durch Jesus Christus, unseren Bruder und Herrn, der mit Dir und dem Heiligen Geist lebt und regiert von Ewigkeit zu Ewigkeit.

Lesungen
Epistel/atl. Lesung der Predigttext in der textnahen Übersetzung der Zürcher Bibel, nur in Vers 5 scheint mir die Lutherübersetzung (›kennen‹, ›aussondern‹) plastischer.
Evangelium Matthäus 13,44–46 (der Predigttext der 5. Reihe für diesen Sonntag vermittelt etwas von der Schönheit des Alles-an-Gott-Setzens).

Sündenbekenntnis
Gegenüber der Totalität des göttlichen Anspruches kann der Mensch im Grunde nur versagen, von daher ist nach meinem Empfinden ein Sündenbekenntnis in diesem Gottesdienst zwar naheliegend, jedoch nicht unproblematisch. Wo es gebräuchlich ist, sollte es jedenfalls erst nach der Predigt erfolgen. Der folgende Vorschlag ist eine veränderte und erweiterte Fassung eines Bekenntnisses von J. Morley (Preisen will ich Gott, meine Geliebte, 69):
O Gott, du hast uns erforscht und erkannt, / und alles, was wir sind, ist dir offenbar. / Wir bekennen, daß wir gesündigt haben: / Wir haben unsere Macht benutzt, um zu beherrschen / und unsere Schwäche, um zu erpressen. / Wir sind der Verantwortung ausgewichen / und haben uns dem Bösen nicht entgegengestellt. / Wir haben deine Stimme nicht hören wollen und deine Wege nicht gehen. / Wir haben nicht genug geliebt, / dich nicht, nicht die Menschen, nicht uns selbst, / und wir haben deiner Liebe nicht genug vertraut.
Doch: Wer ist ein Gott wie du, der die Schuld verzeiht und die Sünde vergibt dem Rest seines Eigentums, der seinen Zorn nicht ewig festhält, sondern Freude daran hat, gnädig zu sein? Er wird sich wiederum unser erbarmen, unsere Schuld unter die Füße treten. Du wirst all unsere Sünden in die Tiefe des Meeres versenken. Du wirst Jakob Treue erweisen und Abraham Güte, wie du unsern Vätern [und Müttern] geschworen hast in den Tagen der Vorzeit. (Micha 7,18–20)

Fürbittengebet
Sieh, in Finsternis, deine unzählbaren Menschen, / wie sie niederliegen, kriechen, / versuchen aufzustehen, / wieder fallen. / Sieh ihre Scham, Verzweiflung, Ohnmacht, Schuld, / ihren guten Willen, ihre kleine, große Liebe. / Sieh alle, die leben auf Erden, / Kranke von Leib, untröstbare Herzen, / Weise, Erbitterte, Kinder, Arme, / Geliebte, Alleinstehende, / alle, die schwierig leben, / nichtig und unsichtbar. // Der du gesagt hast, / daß du nie fahren läßt / das Werk deiner Hände: / Beschäme uns doch nicht. // Führe uns auf den Weg, den du gewiesen hast, / aber der so lang ist, daß wir verzweifeln. / Richte unsere Füße, / richte unsere Augen, / daß wir, nicht sehend, doch sehen, / daß wir, verzweifelt, doch weitergehen. // So wie gegangen ist / Abraham, dein Gerufener, / Mose, dein Knecht, / Jesus, dein Knecht, dein Geliebter, / von dir gerufen, ein Mensch für alle, / von dir

gesendet, uns zur Befreiung, / Wort und Gestalt deines Erbarmens, / Bild und Gleichnis deiner Treue. // Gesegnet seist du, Gott unbezwingbar, / für diesen Messias, diesen Gerechten, / diesen Gekreuzigten, diesen jetzt Lebenden. // Bewahre uns in seinem Geist, / bewahre uns in deiner Vision / von Recht und Frieden.
(H. Oosterhuis, Um Recht und Frieden, Patmos Verlag, Düsseldorf)

Sendung nach dem Abendmahl
Gott hat uns aber nicht einen Geist der Verzagtheit gegeben, sondern der Kraft und der Liebe und der Besonnenheit. (2. Timotheus 1,7)

Dankgebet
Wir möchten dir danken, Gott. / Wir haben dein Wort gehört, und wir haben Brot und Wein empfangen. / Laß uns das ein Zeichen sein, daß du uns nahe bist, / daß wir deine Menschen sind, von dir genährt und geliebt. / Wir bitten dich: Bleibe du bei uns, / im Leichten und im Schweren, im Dunkel und im Licht, / und gib uns Mut und Vertrauen, bei dir zu bleiben.

Lieder
EKG 383 (O Gott, du frommer Gott); 298,1.2.7 (Wer nur den lieben Gott läßt walten); 280 (Was mein Gott will, das g'scheh allzeit); 294,1-4 (Befiehl du deine Wege); 292,1-4.8.9 (In allen meinen Taten); 283 (Von Gott will ich nicht lassen). Anstelle des Wochenliedes als Antwort auf den Predigttext: Ich steh vor dir mit leeren Händen, Herr (VE zum Ev. Gesangbuch 374).

Vorschläge zur Predigt

Möglicher Predigtanfang: »Und es erging an mich das Wort des Herrn« – der Zugriff Gottes
Alles ist wie immer. Der Blick wandert über die vertraute Umgebung, über die vertrauten Gegenstände. Alle sind an ihrem Platz. Der Tisch. Der Stuhl davor. Der Krug mit Wasser. Das Fenster. Das Ohr hört die gewohnten Geräusche. Das Zirpen der Zikaden im Garten. Schritte, Stimmen von der nahen Straße, kaum bewußt wahrgenommen. Auch die eigenen Bewegungen geschehen ganz von selbst und ein bißchen beliebig, ohne besonderes Überlegen, wie gewohnt. Alles ist wie immer.
Und dann ist mit einem Mal alles verändert. Von einem Moment zum anderen wird das Vertraute fremd. Es ist wie ein Riß in der Zeit. Nichts ist mehr gewohnt, nichts selbstverständlich. Und es wird, das ist sicher, auch nicht wieder so werden wie vorher. Was ist geschehen?
Jeremia, der Priestersohn aus dem Dorf Anathoth im Lande Benjamin, beschreibt es später sehr zurückhaltend. Er sagt es mit Worten, die immer

wieder gebraucht worden sind, um etwas zu beschreiben, das sich nicht beschreiben läßt: »Und es erging an mich das Wort des Herrn.« Unausweichlich hat mich das Wort, hat mich Gott erreicht. Er hat mit Namen genannt, was ich bin, und aufgedeckt, was ich von mir nicht wissen wollte. Er hat mich gerufen. Ich wußte: Ich bin gemeint. Er sieht mich, wie ich bin, ganz. Aber ich wußte auch: Ich bin gefordert, und ich kann noch gar nicht überschauen, was das bedeutet. Mit seinem Wort hat Gott nach mir gegriffen. Und dieser Zugriff Gottes macht Angst. »Es erging an mich das Wort des Herrn.« Was tut nun das Wort, was will Gott vom Menschen?

Zum weiteren Verlauf: vier Schritte

1. Aussonderung und Gefundensein: Vers 5a/b. Mit diesem einen Satz ist der Mensch geborgen – und im selben Moment äußerster Einsamkeit ausgesetzt. (Benennen entsprechender Erfahrungen, z.B. Individuationsprozesse) Der Mensch ist gefunden und ausgesondert zugleich. Der Mensch? Nicht nur der Prophet? Wer von uns ist schon Jeremia? Vielleicht niemand. Aber jeder Mensch ist gekannt von Gott und beim Namen genannt. Jeder Mensch ist gefordert, seine Wahrheit zu leben, auch wenn das manchmal einsam macht. (Beispiele?) Jeder Mensch ist in und zu seinem eigenen Leben gefordert, auch wenn die Forderung nicht immer so deutlich ist wie bei Jeremia.
2. Befehl und Widerspruch: Vers 5c. Im Gegenüber zu diesem Befehl Gottes spürt Jeremia die eigene Ohnmacht. (Ihm ist ein großes und schweres Ziel gesetzt. Die angesagte Einsamkeit wird nicht gemildert … Überforderung: Ich kann nicht immer wissen, klar sein, sprechen …) Daraus erwächst sein Widerspruch: Vers 6. So könnten sie jetzt verharren, unbeweglich einander gegenüber – Gott mit seiner Forderung, der Mensch in seinem Widerstand. Das Gespräch wäre zu Ende. Die Angst hätte gesiegt. Stillstand. Der Befehl wird nicht angenommen. Das Leben wird nicht gelebt.
3. Ermutigung und Zustimmung: Doch Gott hilft dem Menschen heraus aus seiner Auflehnung. Zunächst mit einiger Härte (Vergleich zu Paulus ›Meine Gnade ist genug für dich‹?) – er kennt die menschlichen Fähigkeiten. Angst ist kein endgültiges Argument. Aber doch eines, das ernst genommen wird. (Trost des Mit-Seins, Milderung der Einsamkeit …) Jeremia ist still geworden, bereit für das, was kommt. (Notwendigkeit der Zustimmung: Gott kann in Bewegung setzen – gehen muß der Mensch.) Und nun kommt Gott ihm ganz nahe.
4. Berührung und Erfüllung: In seiner Ohnmacht, gegen seine Ohnmacht wird Jeremia ermächtigt durch die Berührung mit der Kraft Gottes. (Genaue Vorstellung nicht möglich, eine Grenze ist durchbrochen; große Nähe, doch nicht nur schön und zärtlich, da es Gott ist, der berührt – Überwältigung. Ein Abglanz dieser Ermächtigung manchmal auch in menschlicher Berührung.) Er muß nicht allein aus der eigenen Kraft leben. Und er muß nicht allein aus dem eigenen Wissen, aus der eigenen Wahrheit reden.

(Inhalte; die Wahrheit Gottes; Unheil und Heil) Gott gibt Jeremia, was er braucht.

Möglicher Schluß: »Damit lege ich meine Worte in deinen Mund« – die Entlassung des Menschen
Jeremia kann jetzt gehen. Hineingehen in sein Leben, das durch diese Begegnung geprägt und verändert ist. Kein leichtes Leben. Der Auftrag bleibt hart, er wurde um nichts ermäßigt, und er wird ihn oft einsam machen, weil er eher den Widerstand der Menschen hervorrufen wird als ihre Liebe. Kein leichtes Leben. Aber ein sehr lebendiges. Und ein begleitetes, aufgehoben in Gottes Liebe. Gott sendet oft auf schwere Wege. Aber er läßt seine Menschen dort nicht allein. Wir können es wagen, zu gehen. Wir können es wagen, unser Leben zu leben. Und wir können dabei getrost und unverzagt sein, denn Gott ist mit uns in allem, was wir tun.

Alternativen

Statt an der Bewegung des Textes entlang- und auf die Identifikation mit Jeremia hinzupredigen, ist es ebenso denkbar, eines der oben genannten Motive auszuwählen und zu entfalten. (Was bedeutet es, die Wahrheit Gottes allen zu sagen? Wieviel Freiheit hat der Mensch? Wie ist das Verhältnis von Heil und Unheil?) Ich könnte mir auch vorstellen, stärker vom tatsächlichen Jeremia aus zu predigen, ihn historisch einzuordnen und aus dieser zeitgeschichtlichen Perspektive Verbindungslinien zu ziehen (welche Wahrheit ist unserer Zeit zu sagen?). Schließlich wäre es auch möglich, die Beauftragung zur Erfüllung des Auftrages in Beziehung zu setzen, also eine Leben-des-Jeremia-Predigt zu halten (mit den Confessiones, Unheilsansagen, Heilsverheißungen).

Kontexte

»Und die Stimme kommt genau in dem Augenblicke, da er ihren Eintritt erwartet. Eine klare und sanfte Mannesstimme. Dunkelrund füllt sie die Kammer aus. [...] Der ganze Raum bringt sie hervor. Es ist, als sei sie immer dagewesen, verdunkelt nur vom allgemeinen Geräusch der tätigen Welt. Nun scheint dieses Allgeräusch zurückzutreten, wodurch die Stimme hervortritt. Doch auch Jirmijah ist ein Raum. Und auch ihn erfüllt das Allgeräusch, das sich jetzt zurückzieht und die Stimme freigibt. Sie erfüllt demnach nicht nur den äußeren Raum um Jirmijah, sondern auch den inneren Raum, der er selbst ist. Die Stimme spricht innen und außen zugleich. Ein doppelter Klang, der sich deckt. [...] Fremd, nicht zu fassen fremd ist die Botschaft, die es bringt. Nie hat Jirmijah in seiner verborgensten Verborgenheit geahnt, daß er zum Werkzeug eines göttlichen Vorhabens bestimmt sein könne, daß er, Hilkijahs und Abis schüchterner Sohn, ein Mensch wie viele andere, vor seiner Geburt schon so viel Zukunft zu tragen hatte. [...] Noch sucht er nach Auswegen, nach Aufschub und Gnadenfrist. Mit vollem Wissen um die Unzulänglichkeit seiner Begründung stammelt er im quengelnden Gebetslaut von Kindern: ›Herr, Herr, ich tauge nicht ...

Ich bin zu jung ...‹ Wie matt ist diese Ausflucht für einen Aufgerufenen, der älter als zwanzig Jahre ist. Die ungerührte Antwort der Stimme erfolgt jetzt kaum mehr im äußeren Raume. Sie scheint sich ganz in Jirmijahs Innenraum zurückgezogen zu haben: ›Sage nicht, ich bin zu jung. Sondern gürte die Lenden und geh!‹ In der kurzen Spanne Zeit zwischen seinem ersten ›Rede, Herr, dein Knecht hört‹ und diesem Auftrag [...] ist Jirmijahs Mut mit unerklärlicher Raschheit gewachsen. Eine große Sicherheit kommt über ihn, als sei er im Umgang mit der Stimme schon alt erfahren. [...] ›Ausreißen, zerbrechen, verstören, verderben sollst du – und bauen und pflanzen!‹ [...] Jirmijah will rufen, daß er's in Gehorsam auf sich nimmt. Er kann nicht rufen. Jeder Laut in ihm ist erstorben, jede Antwort durch das Ungeheure abgewürgt. Da trifft ihn die Berührung des Herrn. [...] Die Stimme des Herrn braucht den Innenraum des Menschen. Hauch ist Geist. Hand ist nicht Geist. Und doch, wenn Adonai auch keine Hand besitzt, so berührt er Jirmijah dennoch mit der Hand, er berührt ihn mit wirklicher Berührung. Und diese Berührung ist ein kurzer Schlag auf den Mund. Er durchblitzt den Menschensohn mit dem Schmerz aller Schmerzen, mit der Wollust aller Wollust zugleich. [...] Und noch eine dritte Macht liegt in dem Schlag auf den Mund: ein scharfes, eisklares Wissen, nun und allzeit ein anderer zu sein, erneuert und umgeboren durch Tötung und Wiederbelebung. Laut schreit Jirmijah auf, ehe er zusammenstürzt.«
(F. Werfel, Jeremias. Höret die Stimme, © 1937 by Paul Zsolnay Verlag. © renewed 1965 by Alma Mahler-Werfel. Alle Rechte vorbehalten S. Fischer Verlag GmbH Frankfurt am Main)

»Auch ungelebtes Leben
geht zu Ende
zwar vielleicht langsamer
wie eine Batterie in einer Taschenlampe
die keiner benutzt

Aber das hilft nicht viel:
Wenn man
(sagen wir einmal)
diese Taschenlampe
nach so- und sovielen Jahren
anknipsen will
kommt kein Atemzug Licht mehr heraus
und wenn du sie aufmachst
findest du nur deine Knochen
und falls du Pech hast
auch diese
schon ganz zerfressen

Da hättest du
genau so gut
leuchten können«
(E. Fried, Kleines Beispiel, in: Das Nahe suchen, Verlag Klaus Wagenbach, Berlin 1988)

10. Sonntag nach Trinitatis

Predigttext: Römer 9,1–5.31 bis 10,4

Günter Scholz

Theologisch-homiletische Skizze

Der 10. Sonntag nach Trinitatis wird als *Israel-Sonntag* begangen. Es wird darum gehen, unser Verhältnis zu Israel zu reflektieren. Trotz katastrophaler Irrwege bleiben wir in einer Verantwortungsgemeinschaft miteinander verbunden; nicht daß wir uns gegenseitig vorwerfen, wofür wir jeweils verantwortlich waren, sondern daß wir füreinander verantwortlich bleiben, um uns gegenseitig vor Fehlentwicklungen zu warnen und uns vor Bösem zu bewahren. Das Schlagwort von der »kritischen Solidarität« wird inhaltlich zu füllen sein.

Die Predigt stelle ich mir in einem Dreischritt vor:

1. Einstimmung auf die Situation des Paulus
2. Unsere heutige Situation
3. Was können wir tun / wo sind unsere Grenzen?

zu 1: Der Schmerz darüber, daß eine Lehre von dem Volk, aus dem man stammt, nicht angenommen wird, ist für uns heute nicht ohne weiteres nachvollziehbar. Verweisen könnte man u.U. auf das Phänomen der Exilliteratur. Sicherlich gibt es auch die Erfahrung, daß Solidarität, zu der man sich verpflichtet weiß, von den Betroffenen nicht verstanden und nicht gewollt wird, so z.B. die mißglückte Solidarisierung der 68er-Studentenbewegung mit der Arbeiterschaft. Da jedoch Beispiele aus dem persönlichen Erleben im allgemeinen einleuchtender sind als die durchaus nicht immer eindeutige Beurteilung historischer oder gesellschaftlicher Prozesse, greife ich einleitend und hinführend auf jene zurück.

zu 2: Wir stehen an einer anderen Stelle als Paulus. Die von uns selbst gestaltete Geschichte hat uns an einen anderen Punkt gebracht. Die Solidarität mit Israel ist nicht durchgehalten worden. Aus Klage in Verbundenheit wurde Anklage in Feindschaft mit katastrophalen Folgen. Unser Leiden ist ein anderes als das des Paulus. War es dort ein Schmerz über die Selbstgerechtigkeit der anderen, so ist es heute Leiden an den Folgen eigener Selbstgefälligkeit. Diese unsere Situation muß klar zum Ausdruck kommen. Aus ihr heraus kann man dann nicht einfach »Solidaritätsangebote« machen und sich von daher eine Neugestaltung des Verhältnisses Juden–Christen erhoffen, sondern der grundlegende Schritt zur Versöhnung muß von jüdischer Seite erfolgen. Mein Anliegen ist es, deutlich zu machen, daß der Schuldige Vergebung und Wiedergutmachung nicht gewähren, sondern nur empfangen kann. Das gilt nicht nur im Blick auf Juden und Christen, sondern grundsätzlich und berührt elementar den Gedanken des Gerechtwerdens aus Gnade im Warten und Vertrauen auf diese.

zu 3: Da ich an bestimmten Zeichen glaube erkennen zu können, daß wir Vergebung erfahren haben (s. Predigt), kann nun gefragt werden: Was können wir als zweiten und dritten Schritt aufeinander zu tun? Unpaulinisch wäre es jedoch, eine christlich-jüdische Einheit von den Gesetzen unseres Tuns erwarten zu wollen. Hier gilt: Tut, was an euch ist, und laßt Gott tun, was Gottes ist.

Vorschläge zur Liturgie

Begrüßung

Das besondere Gedenken an diesem Israel-Sonntag kann sinngemäß mit dem ersten Satz der theologisch-homiletischen Besinnung (s.o.) wiedergegeben wrden.

Sündenbekenntnis

Herr, unser Gott, wir bekennen in unserem heutigen Gottesdienst besonders die Schuld, die Christen auf sich geladen haben gegenüber den Juden. Wir haben sie verleumdet, verfolgt und fast vernichtet. Nun suchen wir die Spuren und Ursachen unseres Versagens, und wir erkennen darin die Abgründe unseres Menschseins. Herr, nur du kannst uns vergeben und retten. So bitten wir dich: Sei uns gnädig, erbarme dich unser.

Gnadenzusage

Der Herr hat sich unser erbarmt. Er ist die Liebe und die Vergebung. Darum können wir leben. Hört die Zusage Gottes durch den Propheten Hesekiel: »Ihr werdet erfahren, daß ich der Herr bin, wenn ich so an euch handle zur Ehre meines Namens und nicht nach euren bösen Wegen und verderblichen Taten« (Hes 20,44). Lobsingt Gott, erhebt seinen Namen.
(Sündenbekenntnis und Gnadenzusage nach K. H. Geil, Homiletische Monatshefte, Jg. 63, H. 9, Juni 1988, Beilage 56)

Kollektengebet

In einem Gutachten des Theol. Ausschusses der Norwegischen Israelmission heißt es: »Die christliche Kirche bedarf der ständigen Erinnerung an die Notwendigkeit, um Frieden und Erlösung für Israel zu beten und dem jüdischen Volk christliche Liebe zu erweisen.« Dementsprechend sind das Kollektengebet und die Fürbitte in der Norwegischen Gottesdienstordnung formuliert.

Kollekte

Ewiger Gott, himmlischer Vater, wir danken dir für deinen Sohn Jesus Christus, der das Wort des ewigen Lebens hat zur Erlösung für das Geschlecht Israels und für alle Völker. Hilf uns, dich zu fürchten und zu lieben, damit wir uns nicht verhärten und deine gnädige Berufung abweisen, sondern deine Stimme hören, immer wenn du zu uns sprichst, durch deinen Sohn, Jesus Christus, unsern Herrn, der mit dir und dem Heiligen Geist lebt und regiert von Ewigkeit zu Ewigkeit.

Fürbitten

Wir bitten dich in Jesu Namen: Sieh gnädig nach deiner Kirche und heilige sie in der Wahrheit. Laß dein Wort klar und rein verkündigt und deine

Sakramente recht gebraucht werden. Gib deiner Kirche Diener, die recht lehren und recht leben, und hilf uns allen, dir in Treue zu dienen. Bewahre unsere Gemeinde. Laß die Kleinen, die getauft werden, in Gemeinschaft mit dir aufwachsen. Rufe unsere Konfirmanden zu einem Leben im Glauben und im Dienst. Gib deinen Abendmahlsgästen Frieden und ewiges Leben an deinem Tisch. Sende Arbeiter in deine Ernte und laß das Evangelium von deinem Reich sich ausbreiten unter allen Völkern. Sieh in Gnade auf das Volk, dem du deine Verheißungen im alten Bund gegeben hast. Stärke, die um des Namens Jesu willen verfolgt werden, denke in Barmherzigkeit an die, welche deinem Wort widerstehen, und gib ihnen die Umkehr zum Leben. Darum bitten wir dich, unser Gott und Vater.
(zitiert nach »Friede über Israel« 65/1982, S. 74f.)

Lieder
EKG 197, 218, 249, 275, 186, 119, 50;
aus dem Kirchentagsliederheft Hamburg 1981 Lied 106 (Schalom Chaverim):

Vorschläge zur Predigt

Möglicher Anfang
Ein Pastor hatte zwei Söhne. Er hatte sie selbst getauft und konfirmiert, und unter seinen Händen wurden sie auch getraut. Sie schienen problemlos hineingewachsen zu sein in den überlieferten Glauben und in christliches Leben. Jedoch als sie selbst Kinder hatten, durfte der Großvater nicht taufen. »Unsere Kinder sollen einmal selbst entscheiden, ob sie getauft werden wollen oder nicht«, hieß es. Daran hatte der Großvater schwer zu tragen, hatte er doch seinen Kindern alles mitgegeben, auch die spürbare Liebe Gottes von Anfang an, und nun das. Er hoffte, die Kinder würden sich vielleicht doch noch umstimmen lassen, aber es geschah nicht. Wie gern hätte er es gesehen, wenn seine kleinen Enkel getauft würden, denn er fürchtete: Wenn nicht jetzt, dann nie. Sein Warten, Hoffen, Beten schien vergebens. Bis der erste 15 Jahre alt war. Er nahm Taufunterricht, und der Großvater erlebte an ihm, daß er zusammen mit Freunden aus der Jugendgruppe getauft wurde.

Zum weiteren Verlauf
Diese kleine Geschichte könnte uns von ferne die Traurigkeit des Paulus ahnen lassen, den es über alle Maßen schmerzt, daß sein Volk mit jenen heilsgeschichtlichen Vorzügen es ablehnt, im Auferstandenen den Herrn zu sehen. An die Leser in Rom schreibt er voller Schmerz, aber doch nicht ohne Hoffnung: *(Textverlesung)*
Nach der Einstimmung auf die Gefühle des Paulus müßte nun der Unterschied zur Situation des Großvaters deutlich werden (Einwilligung des Enkels – Ablehnung Israels; Erfüllung der Wünsche des Großvaters – Nichterfüllung der Wünsche des Paulus; Freude des Großvatrs – klagende Solidarität des Paulus mit seinem Volk).
Wie steht es mit *unserer* Solidarität mit Israel? »Heute, am Israel-Sonntag, müssen wir uns eingestehen, daß die Selbstgerechtigkeit, die wir traditionell den Juden vorwerfen, vielmehr auch für uns gilt. Unsere Selbstgefälligkeit zieht sich durch die Geschichte des christlich-jüdischen Verhältnisses hindurch. Ein ›Blitzlicht‹: Das Südportal des Straßburger Münsters zeigt zwei Frauengestalten. Die eine rechts trägt sieghaft eine Fahnenstange. Ihr Haupt ist erhoben, der Blick klar in die Ferne gerichtet. Die andere links hat eine Binde vor den Augen, ihre Fahnenstange ist zerbrochen, nach unten gesenkt ihr Kopf. Die rechte stellt nach dem Willen des Künstlers die Kirche dar, die linke die Synagoge; die rechte das Ziel vor Augen, die linke ohne Erkenntnis, das Ziel nicht erreicht, gestoßen und zerbrochen am Stein des Anstoßes. Figuren aus Stein. Und doch: Wieviel christliche Selbstgerechtigkeit schwingt hier mit. Figuren aus Stein. Und doch: Die Zeit bleibt nicht stehen, Geschichte lebt und geht weiter. Ich kann diese Gestalten heute nicht mehr unter Absehung von Auschwitz, Treblinka und

Majdanek betrachten. Die Frau mit der zerbrochenen Stange wurde geschlagen, getreten, umgebracht; die Frau mit dem Weitblick hat sich über jene andere erhoben und ansonsten nichts gesehen, sagt sie. Was bei Paulus Leiden an der ausgeschlagenen Hand Gottes war, verkehrt sich bei jenem Künstler fast zum Mitleid mit der gescheiterten Synagoge. Nach der Judenvernichtung allerdings werden diese Gestalten zur Anklage an den falschen Eifer der Christen und an deren Zuschauerrolle. Ich höre die Frau zur Linken klagen, schreien, ihr Schreien übertönt die Klage des Paulus, und es kann nicht mehr zum Schweigen gebracht werden.«
Was können wir tun? Unter Aufnahme des Stichworts »Wiedergutmachung« würde ich darlegen, daß sie in diesem Falle nicht von uns geleistet, sondern nur erfahren werden kann. Ich denke, daß es dafür Zeichen gibt. »Der jüdische Maler Marc Chagall hat seinerzeit der durch den Krieg beschädigten St. Stephanskirche zu Mainz neue Glasscheiben mit Motiven aus seiner Hand, mit Motiven aus dem gemeinsamen Urgrund christlich-jüdischer Überlieferung gewidmet. In seiner Nachfolge tat es 1993 auch der jüdische Maler und Schüler Chagalls, Charles Marc ...« – Nun können weitere Schritte aufeinander zu bedacht werden. Unter dem Stichwort »Gemeinsames entdecken« könnte ein jüdisches Morgengebet zitiert werden: »Herr aller Welten, nicht auf unsere Frömmigkeit legen wir unsere Bitten vor dir nieder, sondern ob deines großen Erbarmens. Was sind wir, was unser Leben, was unsre Frömmigkeit, was unsere Kraft? Gott, unser Vater, fürwahr, alle Helden sind wie nichts vor dir; die Einsichtigen, wie ohne Verstand; denn die Menge ihrer Werke ist eitel. Aber wir sind dein Volk, Kinder deines Bundes, Kinder Abrahams, Gemeinde Jakobs, den du um deiner Liebe willen Israel genannt hast.« Ich frage mich, was Paulus wohl dazu gesagt hätte ...
Unter der Losung »Beten überwindet Grenzen« würde ich zur Fürbitte auffordern »für unsere jüdischen Brüder und Schwestern, daß sie, die sie auf anderem Wege sind, auch in Jesus Christus ihr Ziel erkennen; und sie könnten für uns beten, daß wir nicht in Besserwisserei verfallen, sondern Gottes Wege mit seinem auserwählten Volk respektieren«.

Möglicher Schluß
Damit sind wir aber auch schon an unseren Grenzen angelangt. Das Gesetz des Tuns ist hier am Ende. Christus ist das Ziel, und das können wir nicht herbeireden oder herbeihandeln. Christus ist das Ziel, und wie er gekommen ist, so wird er wiederkommen; denn er ist der lebendige Erweis der Treue Gottes. Er ist seinem Volk treu. Ist er aber Israel treu, dann auch uns, die wir an ihm und seinem Volk schuldig geworden sind. Christus ist das Zeichen, daß Gott tun wird, was noch zu tun ist. Und wir alle, Juden und Christen, dürfen uns aufgehoben wissen in der Treue Gottes, der festhält an seinen Kindern, auch wenn sie in ihrem Eifer Irrwege gegangen sind und noch gehen werden.

11. Sonntag nach Trinitatis

Predigttext: Galater 2,16–21

Thomas Öder

Theologisch-homiletische Skizze

Die Frage »Wie werde ich vor Gott gerecht?« ist für kaum einen der Menschen, mit denen ich zu tun habe, von Bedeutung; jedenfalls nicht in diesem Wortlaut. Und was nichts bedeutet, kann nicht verstanden werden. »Welche Zukunft haben wir und unsere Kinder?« »Was zählt mein Leben eigentlich?« »Wer bin ich überhaupt, und was soll ich?« So fragen Menschen, die verunsichert, ja erschüttert sind durch globale ökologische Entwicklungen genauso wie durch Bedrohungen im privaten Bereich (unsicherer Arbeitsplatz und unerschwinglicher Wohnraum). Schon Situationen, in denen persönlich weitreichende Entscheidungen zu treffen sind, wecken diese Fragen nach der eigenen Existenz. Sie kreisen – wie einst die Sehnsucht nach Rechtfertigung vor Gott – um das, was bleibt, was gültig und vollkommen ist.
Antworten werden auf verschiedene Weise praktiziert: Die banalste Art ist die, Güter zu verbrauchen: »Ich konsumiere, also bin ich. Und solange ich das tue, bin ich nicht in Gefahr.« Das gilt übrigens nicht nur für die Güter der Lebenssicherung, sondern auch für alles, was kulturell verbraucht wird. Eine zweite Antwort wird versucht durch weisheitliche, teilweise auch mythische Ausdifferenzierung kosmischer Gesetze. Deren Kenntnis und Befolgung sollen dem Menschen den passenden und gültigen Platz anweisen im Gesamtgefüge der Welt. Der dritte Weg aus der Erschütterung ist der zu sich selbst. Wer sich selbst gefunden hat, wer in Reden und Handeln identisch ist mit sich selber, der hat Bestand.
Alle drei Antworten auf die existentiale Unsicherheit sind unverzichtbare Elemente des Lebensvollzugs. Aber keine von ihnen vermag die letzte Gewißheit zu vermitteln: »So ist es recht und gut; ich bin mit meinem Leben ge-recht-fertigt, vor welcher Instanz auch immer.«
Die Gewißheit, das eigene Leben nicht umsonst zu leben, kann der Mensch sich selbst nicht vermitteln. Schuld daran ist nicht das Gesetz, das Lebensgesetz, das den Menschen konsumieren läßt, das ihn in kosmische Zusammenhänge weist, das ihn nach seiner Identität fragen läßt. Schuld daran ist das, was in der Exegese (IV,4) »die sarkische Verfassung des Menschen« genannt wird. Jedes menschliche Leben bleibt bruchstückhaft, unvollkommen; es hat für sich genommen keinen Bestand. Es bleibt angewiesen auf das Heil- und Ganzwerden, das von Gott verheißen und deshalb nicht verfügbar ist.
Im Umgang mit einem der drei Wege aus der Verzagtheit ergeben sich mir für die Predigt folgende Aufgaben:
Im Gespräch mit dem Bibeltext soll sie Deutungen anbieten für die Situation des Menschen in dieser Welt vor Gott.
Die Sehnsucht nach der »Gerechtigkeit«, dem Vollkommenen spricht sie an und malt die verheißene Erfüllung vor Augen.
Sie hilft, mit den Brüchen, den Ungereimtheiten der eigenen Existenz zu leben.

Vorschläge zur Liturgie

Eingangslied
EKG 258,1.6-8, »Herr Jesu, Gnadensonne ...«

Sündenbekenntnis und Gnadenzusage
sind stark an Agende I angelehnt:

Unsre Hilfe steht im Namen des Herrn,
der Himmel und Erde gemacht hat.
Wir sind hier versammelt, um miteinander Gottes Wort zu hören, ihn wollen wir anrufen im Gebet und Loblied (und an seinen Tisch wollen wir gehen, um uns stärken zu lassen für unseren Weg).
Auf diese Begegnung haben wir keinen Anspruch; noch mehr: den Zugang zu Gott haben wir uns selber immer wieder verbaut. Sein befreiendes Wort lassen wir von uns abgleiten, seine lebenschaffenden Gaben teilen wir nicht aus, der Gemeinschaft mit ihm und untereinander geben wir zu wenig Raum.
Aber wir leiden unter der Gefangenschaft, in die wir hineingeführt werden oder in die wir uns selber begeben.
An niemand sonst können wir uns wenden, als an eben den Gott, den wir immer wieder zurückgewiesen , vor den Kopf gestoßen und verletzt haben. Zu eben diesem Gott fliehen wir aus unserem Gefängnis, seiner Barmherzigkeit vertrauen wir uns an. Unter Berufung auf Jesus Christus bitten wir um Gnade und sprechen: Gott, sei mir Sünder gnädig.
Der allmächtige Gott erbarme sich unser, er vergebe uns unsere Sünde und führe uns zum ewigen Leben. Amen.

Der allmächtige, barmherzige Gott hat sich unser erbarmt. In seinem Sohn Jesus von Nazareth, dem Christus, hat er alles überwunden, was uns in Lebensgier und Todesangst gefangen halten will. Nehmen wir das doch ernst und wir werden selig werden.
Das verleihe Gott uns allen.
Amen

Die Gemeinde kann diese Zusage aufnehmen mit dem *Kanon* »Du verwandelst meine Trauer in Freude ...« (Menschens Kinderlieder Nr. 9) *oder* mit Versen aus dem *Psalm 103* (im Wechsel gesprochen).

Du verwandelst meine Trauer

(Kanon: B. Schlaudt und Gruppe Liturgie, Rechte beim Autor; aus: Liturgie im Kindergottesdienst, 1985)

Eingangsgebet

Herr, unser Gott,
sieh uns an:

Wir sind glücklich
und wir leiden,

wir verstehen
und sind ratlos,
wir sind hilfsbereit
und gleichgültig.

Wir sind hier, um deine
Vollkommenheit zu feiern
und wir sehnen uns
nach Glück und Vollkommenheit für diese Erde.

Komm du nun zu uns,
mit deinem Wort,
mit deinem Geist,

und verbinde das Zerrissene,
heile das Kranke,
verwandle das Todbringende
in einen Samen des Lebens.

Fange damit bei jeder Frau, jedem Mann,
jedem Kind unserer Gemeinde an.

Darum bitten wir dich, der du mit dem Sohn und
dem Heiligen Geist lebst und regierst
von Ewigkeit zu Ewigkeit. Amen.

Lesung
Evangelium: Lukas 18,9–14
Bei der Stellung des Glaubensbekenntnisses zwischen Lesung und Predigt schlage ich als *Zwischentext* vor:
»Dem, der nichts zu bieten hat, füllt Gott selbst die Hände. Loben wir diesen Gott, indem wir bekennen, was wir glauben:«

Predigtlied
EKG 188,1.3.4 »Nun lob, mein Seel, den Herren ...«

Die *Fürbitten* hängen stark von der aktuellen Situation ab. Ich will jedes Anliegen abschließen mit der Bitte:
»und fange bei uns damit an, daß ...«

Vorschläge zur Predigt

Anfang
Liebe Gemeinde, mich fasziniert es, wenn ein Kind unmittelbar am Meeresstrand seine Burg baut. Und manchmal bin ich selbst dieses Kind. Ein Sandberg wird aufgeschüttet. In die entstandenen Vertiefungen läuft Wasser nach, es umringt womöglich den kleinen Berg. Ein geschützter Hafen entsteht, und der Berg wird mit Gebäuden und Zinnen bekrönt. Es ist nie genau vorauszusagen, wie das Ganze in einer Viertelstunde aussehen wird, denn Sand und Wasser haben ihre eigenen Gesetze. Sie können sich einer Gestaltungsidee widersetzen oder auch eine neue hervorrufen. Dauerhaft ist dieses Gebilde bestimmt nicht. Der nächste Badende, der eilig aus dem Wasser herausläuft, kann es schon zertreten; und spätestens nach der nächsten Flut wird alles wieder eingeebnet sein. Mich fasziniert dieses Geschehen, denn ich sehe in ihm ein Bild vom Leben überhaupt. Für keine meiner Zukunftsvorstellungen gibt es die Gewähr der Erfüllung. Und nichts bleibt, wie es ist. Diese Entdeckung kann froh und neugierig machen, weil mit jedem Ende auch ein neuer Anfang, ein neues Spiel in der Spielesamm-

lung des Lebens möglich scheint. Die Entdeckung der Unsicherheit und Vergänglichkeit kann einen aber auch verzweifeln lassen. Das Leben hält ja sehr bewegende Spiele bereit. Da geht es um Anerkennung und verläßliche Beziehungen, um einen Arbeitsplatz und um ein Zuhause. Wer bei solchen Spielen verliert, der hat selten sofort die Chance eines neuen Anfangs. Unsere Möglichkeiten sind begrenzt, unsere Zeit läuft wie Sand durch die Finger. Und irgendwann einmal sind auch die letzten Spuren unseres Tuns verwischt. Was können wir machen, welche Sicherheiten können wir uns schaffen, damit unser Leben nicht umsonst gelebt ist? Nichts können wir tun, sagt der Apostel Paulus. Es gibt keine Sicherheiten für ein Leben, das Bestand hat. »Wir wissen, daß der Mensch durch Werke des Gesetzes nicht gerecht wird.« Er kann nichts tun gegen das Urteil der Vergeblichkeit. Aber muß dieser Kampf gegen die Vergeblichkeit denn überhaupt sein?

Weiterführende Gedanken
Andere Grundhaltungen: nicht das Festhalten, sondern das Hinhalten des Lebens; nicht das Sich-Durchsetzen, sondern das Sich-Aussetzen; nicht das Mißtrauen, sondern das Vertrauen.
Alles, was Vertrauen verdient, ist in einem Gegenüber zusammengefaßt, alle Vertrauen gewährenden und alle Vertrauen erbittenden Personen sammeln sich in einer: Jesus Christus. Vertrauen ist ein anderes Wort für Glauben. Der Glaube an Jesus Christus macht das Leben ganz und gültig (Vers 16).
Das Interesse an der eigenen Ganzheit, an der eigenen Ewigkeit und die Bemühungen darum ersterben, sie sind »mitgekreuzigt mit Christus«, wenn das Leben vom Vertrauen, vom Glauben bestimmt ist.
Zitat aus einem Brief D. Bonhoeffers vom 21.7.1944 (aus »Widerstand und Ergebung«, © Chr. Kaiser/Gütersloher Verlagshaus, Gütersloh):
»Ich erinnere mich eines Gespräches, das ich vor 13 Jahren in A. mit einem französischen jungen Pfarrer hatte. Wir hatten uns ganz einfach die Frage gestellt, was wir mit unserem Leben eigentlich wollten. Da sagte er: Ich möchte ein Heiliger werden (– und ich halte für möglich, daß er es geworden ist –); das beeindruckte mich damals sehr. Trotzdem widersprach ich ihm und sagte ungefähr: Ich möchte glauben lernen.« (Vers 19)
Wo das Vertrauen, wo der Glaube an Christus wächst, da wächst gleichzeitig Christus in mir. Dieser inwendige Christus äußert sich in der Haltung der Liebe. Die um Berechtigung unbekümmerte Liebe spricht es Gott, dem Nächsten und sich selbst zu: Ja, es ist gut, daß du bist. Du giltst. Es ist die Liebe des Gottessohnes, die in mir Gestalt gewinnen will. (Vers 20)
Diese Behauptung der Liebe – »Es ist gut« – wird von den Realitäten nicht eindeutig bestätigt, weder bei mir, noch bei meinem Nächsten, noch bei Gott. Ihr Recht wird nicht durch Beobachtung erfahren, sondern durch Teilhabe am Prozeß der Liebe.

Schluß

Ein Kind, das am Strand seine Burg baut, hat eine Vorstellung von dem, was da werden soll. Aber wenn das Material oder die Umstände sich der Ausführung widersetzen, dann kann die Burg ruhig auch anders werden, als ursprünglich geplant. Der Freude am Spiel tut das keinen Abbruch.
Am Ufer der Zeit gestalte ich mein Lebensgebäude. Ich möchte, daß es zu mir paßt, daß es stimmt, daß es Bestand hat. Was aber, wenn Teile wegbrechen, wenn die von mir gedachte Vollkommenheit sich nicht einstellt, wenn Begonnenes sich nicht beenden läßt?
Dann will ich mich an das »Ja« erinnern, an das »Es ist gut«, das noch ein ganz anderer Baumeister zu meinem Leben sagt. Wenn er sich an uns freut, dann kann keiner unserer Tage umsonst gewesen sein.

Kontexte

Vertrauen

Vor der Operation informierte man den Patienten – so wie es Vorschrift ist – über sämtliche Risiken und mögliche Komplikationen. Das mußte er, was blieb ihm übrig, durch seine Unterschrift bestätigen. Ihm schwirrte der Kopf. Seine relative Zuversicht begann merklich zu wanken. Der »kleine Eingriff«, die »Routinesache« wandelte sich in seiner Phantasie zum Hazardspiel. Den entstandenen Besorgnissen begegnete man mit vernünftigen Argumenten: man sei eben zur vollen Aufklärung verpflichtet, es diene lediglich der juristischen Absicherung, das alles käme nur ganz selten vor ...
Ihm half das nichts. Er fühlte sich wie in einer Falle, kurz dachte er sogar an Flucht.
Eine Schwester bemerkte seine Not. Sie meinte lächelnd: »Sie haben vergessen, daß Sie in guten Händen sind.«
In der Tat, an den Arzt, dem er doch vertraute, hatte er gar nicht mehr gedacht.
Da konnte er wieder frei atmen.
(Lore Graf)

Die Flucht vor dem Schatten

Es war einmal ein Mann, den ängstigte der Anblick seines eigenen Schattens so sehr, daß er beschloß, ihn hinter sich zu lassen. Er sagte zu sich: Ich laufe ihm einfach davon. Er stand auf und lief davon. Aber der Schatten folgte ihm mühelos. Er sagte zu sich: Ich muß schneller laufen. Also lief er schneller und schneller, lief so lange, bis er tot zu Boden sank.
Wäre der Mann in den Schatten eines Baumes getreten, so wäre er seinen eigenen Schatten losgeworden. Aber darauf kam er nicht.
(Aus der Weisheit Asiens)
(beide Texte aus »Die heilsame Reise«, Kaiser Taschenbücher 53, © Chr. Kaiser/ Gütersloher Verlagshaus, Gütersloh)

Daß die Liebe kein (neues) Gesetz ist, sondern vom Gegenüber ihre Kraft bekommt, beschreibt Erich Fried in seinem Gedicht »Warum«:

Warum

Nicht du
um der Liebe willen
sondern

um deinetwillen
die Liebe
(und auch
um meinetwillen)

Nicht
weil ich lieben
muß
sondern weil ich
dich
lieben
muß

Vielleicht
weil ich bin
wie ich bin
aber sicher
weil du
bist
wie du bist
(aus: E. Fried, Liebesgedichte, Verlag Klaus Wagenbach, Berlin.)

Auf den Zusammenhang von Erinnerung, Liebe und Selbstvergessen verweist Yor, der Blinde Bergmann, in Michael Ende's »Die unendliche Geschichte« (S. 402), © by K. Thienemanns Verlag, Stuttgart-Wien. Dem Helden des Romans, der aus Phantasien in seine reale Welt zurückkehren möchte, wird gesagt:

»Hör zu, Bastian Balthasar Bux«, sagte er, »ich rede nicht gern viel. Die Stille ist mir lieber. Aber dieses eine Mal sage ich es dir. Du suchst das Wasser des Lebens. Du möchtest lieben können, um zurückzufinden in deine Welt. Lieben – das sagt sich so! Das Wasser des Lebens wird dich fragen: Wen? Lieben kann man nämlich nicht einfach so irgendwie und allgemein. Aber du hast alles vergessen außer deinem Namen. Und wenn du nicht antworten kannst, wirst du nicht trinken dürfen. Drum kann dir nur noch ein vergessener Traum helfen, den du wiederfindest, ein Bild, das dich zur Quelle führt. Aber dafür wirst du das Letzte vergessen müssen, was du noch hast: Dich selbst. Und das bedeutet harte und geduldige Arbeit. Bewahre meine Worte gut, denn ich werde sie nicht wieder aussprechen.«

12. Sonntag nach Trinitatis

Predigttext: Apostelgeschichte 3,1–10

Klaus-Peter Edinger

Theologisch-homiletische Skizze

»... es geschahen viele Zeichen und Wunder durch die Apostel«, heißt es in der bekannten Beschreibung der Jerusalemer Urgemeinde (Apostelgeschichte 2,43b). Das erste dieser Wunder wird uns hier geschildert. Und diese Zeichen und Wunder haben zur Folge, daß täglich Menschen als Gerettete zur Gemeinde hinzugefügt werden (Vers 47). Heutzutage tragen Wundergeschichten nicht gerade dazu bei, den »garstigen Graben« zu überspringen und so Menschen in die Gemeinde einzuladen. Im Gegenteil: Wundergeschichten halten Menschen eher vom Glauben und von der Zugehörigkeit zur Gemeinde ab. Wundergeschichten scheinen also eher von Jesus weg-, als zu ihm hinzuführen und ihn als den Sohn Gottes und Messias der Welt zu verkündigen. Noch viel schwieriger wird der Wunderglaube, wenn nicht Jesus selbst, sondern seine Jünger (meist zu zweit, denn zwei und zwei hat er sie ausgesandt – Lukas 10,1) die Wunder in seinem Namen vollbringen. Dabei stellt sich natürlich gleich die Frage: Warum gibt es heute nicht mehr solche Wunder?

Eine Predigt über eine Wundergeschichte muß m.E. deutlich machen können, daß auch heute Wunder möglich sind. Ja, sie muß geradezu ermutigen können, heute Wunder wahrzunehmen.

Denn es geht ja in den Wundern damals wie heute um nichts anderes, als Jesus als den lebendigen und gegenwärtigen Herrn zu bezeugen und zu verkündigen.

Wenn hier durch die Apostel Petrus und Johannes ein Wunder geschieht, dann nicht, weil sie sich einen Namen machen wollen – man vergleiche nur die Predigt des Petrus im Anschluß an diesen Abschnitt! Es geht allein darum, die Nähe und Gegenwart des Auferstandenen zu verkündigen: Er ist auch nach der Himmelfahrt mitten unter euch! Er wirkt auch nach seiner Himmelfahrt in dieser Welt!

So wie in der Jerusalemer Urgemeinde, so geschehen auch heute noch Zeichen und Wunder. Vielleicht nicht so spektakulär. Aber damals galten Wunderheilungen nicht als so außergewöhnlich.

Es geht also über das Wunder hinaus um die Bezeugung der Gegenwart Jesu. Darum nicht von ungefähr die Anrufung seines Namens. Denn in der Namensnennung stellt man sich den Genannten als gegenwärtig vor. »... daß in dem Namen Jesu sich beugen sollen aller derer Knie, die im Himmel und auf Erden und unter der Erde sind ...« (Philipper 2,10). Darum geht es auch hier in dieser Wundergeschichte.

Man beachte, wie neben der Namensnennung die Handlungen der Personen in Dreierschritten geschehen, und sie sind anscheinend nicht unwichtig: Petrus ergreift den Gelähmten (7a), er richtet ihn auf (7b) und macht die Schenkel und Knöchel fest (7c). Der Gelähmte sieht auf (8a), springt auf (8b) und geht in den Tempel (8c), denn er ist jetzt ganz geheilt (das meint holokläria Vers 16).

Das soll auch das Volk (hier nicht ochlos, sondern aufwertend laos genannt) erfahren und in den Lobpreis mit einstimmen.

Die Umstehenden wundern sich denn auch und geraten außer sich (ekstasis ist sicherlich nicht mit Luther als Entsetzen zu übersetzen), d.h. sie werden offen und empfänglich für das, was da geschehen ist und bleiben nicht in sich gekehrt.
Daß auch unsere Hörer und Hörerinnen außer sich geraten, offen werden und nicht in ihrer vorgefertigten und eng begrenzten Weltvorstellung stehen bleiben, darum soll es in der Predigt gehen. Nicht als bloße Zuhörer sollen sie diese Geschichte wahrnehmen, sondern als selbst Betroffene. Als solche, die wahrscheinlich selbst oft genug das Gefühl haben, unbeweglich, gelähmt zu sein und die doch erfahren dürfen, wie sie auf einmal gehen und springen können, wenn es auch nicht immer große Sprünge sind und sein müssen. »... und es geschahen viele Zeichen und Wunder durch die Apostel« in der Gemeinde damals. Ich möchte die Kirche selbst als Gelähmte vorstellen, die oft genug unbeweglich erscheint und doch wieder gehen lernen kann. Wenn sie beweglich ist, dann können es auch ihre Mitglieder sein bzw. werden. Daß das nicht einfach menschliches Werk und Organisation ist (Stichwort: »Gemeindeaufbau«), das gilt es deutlich zu machen und so Christus als den gegenwärtigen und gegenwärtig wirkenden Herrn zu verkündigen. Dann werden Menschen von ihm in die Gemeinde hinzugefügt. Wenn das kein Wunder ist ...!

Vorschläge zur Liturgie

Eingangsvotum
»Ihr wißt, daß ihr nicht mit vergänglichem Silber und Gold erlöst seid (von eurem nichtigen Wandel nach der Väter Weise), sondern mit dem teuren Blut Christi als eines unschuldigen und unbefleckten Lammes.« (1. Petrus 1,18f.)

Kollektengebet
Herr, unser Gott,
du rufst uns in deine Gemeinde:
Du willst in unsere Mitte kommen.
Du willst uns in Bewegung bringen.
Wir bitten dich:
Gib, daß wir offen werden für deine frohe Botschaft,
daß wir uns ansprechen lassen von deinem Wort,
daß wir uns neu machen lassen durch deine Vergebung,
daß wir uns ermutigen lassen durch deinen Geist;
der mit dir und deinem Sohn, unserem Herrn und Bruder, Jesus Christus,
lebt und regiert von Ewigkeit zu Ewigkeit. Amen.

Lieder
Als Lied, das die Wunder Gottes beschreibt, eignet sich EKG 197, besonders die Verse 1 und 4-6. Dank wird in EKG 187 passend ausgedrückt (in Vers 5 wird auf den Namen Bezug genommen). Ebenso 188,5.
Die Heilungsgeschichte selbst ist vertont in dem Lied »Silber und Gold hab' ich nicht«. Krelingen 1985.

Silber und Gold hab ich nicht

(T [Orig.] + M: Amerik. Lied – Silver and gold have I none –)

Lesung
Als Lesung eignet sich der Episteltext aus der 6. Reihe: 1. Korinther 3,9–11(12–15); darin wird bechrieben, daß der Herr die Gemeinde baut, aber er Mitarbeiter und Mitarbeiterinnen beruft.
Auch 2. Korinther 3,2–6 oder 2. Korinther 6,1–10 bieten sich an.

Fürbittengebet
Unser Herr Jesus Christus,
du bist in unsere Welt gekommen, und du willst mitten unter uns sein –
in deinem Wort (und Sakrament), in der Gemeinde.
Gib, daß wir dich erkennen,
gib, daß wir dir begegnen –
in den Zeichen und Wundern, die du unter uns wirkst.
Wo Menschen dein Wort weitergeben;
wo Menschen in deinem Namen handeln;
wo Menschen deine Liebe weiterschenken,
zum Glauben ermutigen und Hoffnung eröffnen.

Wir bitten dich für alle, die gelähmt und unbeweglich sind,
weil sie unter einer schweren Krankheit leiden,
weil sie vom Leben enttäuscht worden sind,
weil sie einen lieben Angehörigen verloren haben,
weil sie nicht mehr weiter wissen.
Wir bitten dich für uns selbst,
die wir uns oft genug nicht mehr von der Stelle wagen,
weil wir Angst haben,
weil wir unser Vertrauen nur noch in uns selbst und nicht mehr in dich setzen.

Wir bitten dich für deine weltweite Kirche und unsere Gemeinde,
daß wir erkennen: Du, Herr, baust deine Kirche

und rufst uns zu deinen Mitarbeiterinnen und Mitarbeitern.
Du begegnest uns in deiner Gemeinde als der lebendige Herr.
Dafür gib uns offene Augen und Ohren und einen wachen Geist,
der dich auch im Geringsten erkennt. Amen.

Vorschlag für die Predigt

Möglicher Predigtanfang

Mut machen will und soll uns diese Geschichte, liebe Gemeinde, ein Gelähmter lernt wieder gehen, wird gesund, mobil, kann sich fortbewegen, wird wieder selbständig. Was muß das für so einen Menschen bedeuten! Was für einen neuen Lebensmut wird der schöpfen!

Mut machen will und soll uns diese Geschichte. Mut machen aufzubrechen, nicht stehen- oder sitzenzubleiben.

Aber ich habe die Befürchtung, daß diese Geschichte eher lähmend auf uns wirkt, eher entmutigt als ermutigt. Wundergeschichten passen nun einmal nicht in unsere Zeit. Weil nicht sein darf, was nicht sein kann. Weil das unserem gesunden Menschenverstand widerspricht. Weil da so viele Fragen aufkommen, auf die sich keine Antworten finden lassen. Weil uns das so verunsichert. Und was verunsichert, das kann nicht Mut machen. Es ist ja schon eigenartig: So vieles, was eigentlich Mut machen soll, das führt zum genauen Gegenteil, das läßt erstarren, das lähmt.

Und offensichtlich gibt es da viele Lähmungen und Gelähmte, die festsitzen und unbeweglich sind, die es nicht mehr fertig bringen aufzustehen, sondern nur noch am Wegrand sitzen, von den Almosen anderer leben, um überhaupt noch überleben zu können.

Zum weiteren Verlauf

Die Geschichte soll auf die Hörer und Hörerinnen ausgeweitet werden:

Vielleicht gehören wir sogar selbst dazu – als Gemeinde, als Kirche.

Wieviele, die ihr das verdeckt oder auch offen vorwerfen: Kirche sei viel zu starr und unbeweglich. Die ist sitzengeblieben und nicht mit der Zeit gegangen. Dehalb gibt sie auf Fragen von heute Antworten von gestern. Die Kirche ist halt in die Jahre gekommen, sagen manche. Alles hat seine Zeit – und die Kirche hatte ihre Zeit, sagen andere. Noch schärfer sagen es wiederum andere: Kirche ist doch nur ein Machtapparat, wie es so viele gibt. Darin geht es auch nur menschlich, allzu menschlich zu.

Feststellungen wie diese machen gewiß keinen Mut. Erst recht nicht denen, die um den Erhalt und den Bestand der Kirche bemüht sind, und dazu gehören wahrscheinlich die meisten von uns. Solche Feststellungen beflügeln nicht, sondern wirken lähmend. Da traut man sich kaum mehr, mutig voranzuschreiten. Da bleibt man auf der Stelle stehen oder sitzen. Wenigstens das Bestehende bewahren, hört man dann reden. Realistisch sein und für magere Zeiten vorplanen. Statistiken anfertigen lassen und fragen: Wie stabil ist die Kirche?

Kirche sitzt selbst am Wegrand:

Und so habe ich manches Mal schon den Eindruck, daß wir als Kirche da selbst am Wegrand sitzen. Nur noch auf Almosen wartend, um das Überleben zu sichern. Gar nicht mehr aufsehen, den Leuten, die vorübergehen, direkt ins Gesicht blicken, sie direkt ansprechen.

Irgendwie ist das ja auch gut und wichtig so, nicht mehr auf etwas Besonderes oder Außerordentliches zu hoffen. Kleine, ganz kleine Brötchen backen. Dann ist die Enttäuschung hinterher nicht so groß. Wer immer nur auf etwas Besonderes hofft und immer wieder neu enttäuscht wird, der hält das mit der Zeit nicht mehr aus, der kann das auf Dauer seelisch nicht mehr verkraften.

Am Rande sitzen, dort sein Dasein fristen, um Almosen bitten, so den Bestand zu wahren versuchen, das scheint vielen schon zu genügen. Mehr erwarten und erhoffen sie nicht mehr. Wahrscheinlich hat auch jener Gelähmte nicht mehr erwartet und nicht mehr erhofft, als er so am Wegrand da gesessen hat. Und die Leute sind vorbeigekommen. Ab und zu hat jemand einmal ein Almosen gegeben. Vielleicht war ab und zu jemand gekommen, der ihn angesprochen hatte, ihm womöglich sogar etwas versprochen hatte. Aber das waren am Ende doch nur leere Versprechungen geblieben und eigentlich wollten sie sich nur einen Namen machen und ihre eigene Frömmigkeit unter Beweis stellen. Nein, solche Leute können nicht weiterhelfen, die sich nur selbst einen Namen machen, die sich nur selbst profilieren wollen. – Auch in einer von Lähmung bedrohten Kirche nicht.

Wenn dieser Gelähmte so dagesessen hat, dann hat er vielleicht überlegt, wie lange das noch so weitergehen kann. Vielleicht sind die vorbeikommenden, zum Tempel eilenden Menschen im Laufe der Zeit immer weniger geworden, weil sie der Gemeinde den Rücken gekehrt haben. Vielleicht haben die Almosengaben abgenommen. Da fragt man sich schon: Wie lange wird das noch weitergehen? Und Gedanken wie diese lähmen noch mehr.

Petrus und Johannes kommen vorbei. Sie reagieren anders:

Eines Tages kommen da zwei merkwürdige Gestalten vorbei. Wahrscheinlich hat der Gelähmte wie gewöhnlich seine Almosenbüchse hingehalten, ohne daß er die beiden angeschaut hatte. Was war schon zu erwarten?

Aber diese beiden, Petrus und Johannes, die haben weder eine milde Gabe eingeworfen, noch sind sie achtlos vorbeigegangen. Die sind stehengeblieben und haben den am Wegrand sitzenden Gelähmten aufgefordert: Sieh uns an!

Wahrscheinlich war das schon ziemlich außergewöhnlich. Wahrscheinlich hatte das vorher noch niemand von ihm gefordert. Daß er verschwinden solle, dazu hat man ihn wohl des öfteren aufgefordert. Aber daß er jemanden ins Gesicht schauen sollte, so von Angesicht zu Angesicht, das wird neu

gewesen sein. »Und er sah sie an und wartete darauf, daß er etwas von ihnen empfange.« Für den Gelähmten ändert sich damit noch nichts. Er erwartet nur ein Almosen. Was soll er auch sonst erwarten? Wie gesagt, es ist gut, nicht so viel zu erwarten, um nicht immer wieder aufs Neue enttäuscht zu werden.
Aber daß ihn da jemand ansieht und sich gleichsam dafür entschuldigt, kein Geld zu haben, das war schon seltsam: »Silber und Gold habe ich nicht!« entgegnet ihm Petrus. Sie kommen mit leeren Händen vorbei – und doch nicht umsonst. Sie kommen als Arme, die nichts haben und die doch viele reich machen können und alles haben. Und vor allem: Sie behalten das alles nicht für sich: »doch was ich habe, das gebe ich dir.«
So wird uns das ja auch von der Gemeinde damals berichtet:
»Alle aber, die gläubig geworden waren, waren beieinander und hatten alle Dinge gemeinsam. Sie verkauften ihre Güter und Habe und teilten sie aus unter alle, je nach dem es einer nötig hatte.«
»Was ich habe, das gebe ich dir. Im Namen Jesu Christi von Nazareth steh auf und geh umher!«
Das also gibt er weiter: den Namen, den Namen Jesu Christi. Den Namen und damit den selbst, der mit diesem Namen angesprochen ist. Den Namen – der ist da nicht nur Schall und Rauch. Der Name – das ist er selbst. Wo sein Name genannt, weitergegeben wird, da ist er selbst da, gegenwärtig. Da ist er mitten unter ihnen. Wo zwei oder drei in seinem Namen versammelt sind, da ist er mitten unter ihnen. Das ist das Entscheidende: daß der Herr selbst da ist, daß er selbst als der Gegenwärtige erfahren wird. Das ist gewiß mehr als irgendein Almosen, das ist mehr als vergängliches Silber und Gold, das ist mehr und wichtiger als die Sicherung des Besitzstandes.
Im Namen Jesu Christi von Nazareth steht auf und geh umher!
Wo Gott am Werk ist, da gebraucht er Menschen:
Und dann nimmt ihn Petrus bei der Hand und richtet ihn auf.
Daß er selbst, der Herr, da ist, das ist wichtig. Das steht im Mittelpunkt. Und nicht Petrus. Der will sich gerade nicht selbst einen Namen machen. Trotzdem ist er auch wichtig. Trotzdem wird er auch gebraucht. Ist er es, der den Gelähmten an der Hand nimmt und ihn aufrichtet.
So also geschieht rechtes Handeln, auch in einer von Lähmung bedrohten Kirche: daß da im Namen Jesu gehandelt wird und nicht auf eigene Faust, auch wenn das noch so gut gemeint ist.
Dabei ist es ebenso kurzsichtig zu meinen, man könne sich nur auf sich selbst verlassen und dürfe von Gott nichts erwarten, als auch dies: es liege sowieso alles an Gott und der brauche uns nicht. Gott braucht uns sehr wohl, für seinen Dienst.
So kann man dann wieder in Bewegung kommen. So können die Füße wieder fest werden und laufen lernen. So bleibt man nicht gelähmt an seinem Platze sitzen. So braucht man nicht zu resignieren, weil alles beim alten bleibt. Da können dann Zeichen und Wunder geschehen. Wie bei dem Gelähmten.

Zum Wunder gehört das Leben und Preisen Gottes:
Und auch das gehört mit zu der Geschichte hinzu: daß man sich über solche Zeichen und Wunder freuen kann, daß man dafür dankbar wird, daß man das nicht verschämt unter den Teppich kehrt, sondern anderen mitteilt und sie daran teilhaben läßt.
Genauso wie es uns hier der Gelähmte vormacht: »und er sprang auf und konnte gehen und stehen und ging mit ihnen in den Tempel, lief und sprang umher und lobte Gott«. So wird noch einmal die Nähe, die Gegenwart des Herrn bezeugt und an andere weitergegeben. So können andere daran teilhaben.
Verwunderung und Ekstase erfüllte die Umherstehenden über das, was dem Gelähmten widerfahren war.
Verwunderung und Ekstase. Ekstase, d.h. außer sich stehen. Die Umstehenden geraten außer sich. Da weitet sich ihr Horizont. Da muß nicht alles so bleiben, wie es immer schon war. Da darf sein, was eigentlich nicht sein kann. Da geschieht Ungewohntes. Dinge, die sich nicht einfach vorherberechnen und nicht einfach planen und durchführen lassen. Wir dürfen ruhig sagen: Da geschehen Wunder. Und wer das dankbar annehmen kann, der gibt es dann gern weiter.
Kirche in Ekstase. Kirche, die bei aller Nüchternheit außer sich sein kann und von dem lebt, was von außerhalb ihrer selbst kommt. Eine Kirche in Ekstase, das ist eine Kirche, die von ihrem Herrn lebt und nicht aus sich selbst. Eine Kirche in Ekstase, das ist eine Kirche, die in Bewegung gerät, in der Zeichen und Wunder geschehen. Und es geschahen viele Zeichen und Wunder durch die Apostel, heißt es denn auch von der damaligen Gemeinde in Jerusalem.
(Hier können passende und ermutigende Beispiele aus der Gemeinde eingefügt werden, wo Kirche lebendig ist, z.B. können Mitarbeiter und Mitarbeiterinnen erwähnt werden, vielleicht Gruppen, die sich mit Randsiedlern beschäftigen ...)

Möglicher Schluß
Ich wage zu behaupten, daß auch heute viele Zeichen und Wunder in der Kirche geschehen. Vielleicht nicht so spektakulär. Deshalb müssen wir schon genau hinsehen. Und wir dürfen uns dann daran freuen und dafür dankbar sein. Und wir dürfen das ruhig weitersagen, indem wir Gott dafür loben und preisen.
Eine Kirche, die in Ekstase, außer sich, in Bewegung gerät und sich von dem Herrn in Bewegung bringen läßt, die dürfen wir sein. Vielleicht sind wir es schon, aber merken es nicht und feiern es nicht gebührend. Diese Geschichte jedenfalls, die will uns nicht lähmen, sondern uns im Gegenteil Mut machen, uns in Bewegung bringen, uns zum Loben und Feiern einladen. Amen.

Kontexte

Auf die EKD-Studie »Christsein gestalten« (1986) entgegnet Michael Welker kritisch in seinem Buch »Kirche ohne Kurs?« Darin heißt es u.a.: »Kritisiert werden muß die Studie ferner, weil sie sich auf die hochgerechneten 13 Millionen fixiert, die in den nächsten 40-50 Jahren der Kirche durch die Bevölkerungsentwicklung und durch Austritte als ›Mitglieder‹ ›entgehen‹ könnten, statt sich auf die Enttäuschungen oder Gleichgültigkeit zu konzentrieren. Kritisiert werden muß also eine alarmistische Hochrechnung, die sich ausschweigt über bestimmte Bedingungen und Variablen der Entwicklungen, die sie ausmalt. Kritisiert werden muß der ›kluge Haushalter‹, der – statt sich mit der Reparatur des defekten Wasserrohrs und des eingeschlagenen Fensters zu befassen – über den fortschreitenden und in 40 Jahren zu erwartenden Zusammenbruch des Hauses resonniert – wenn ›alles so weitergeht ...‹ (S. 11).

›Die Folgen lassen sich leicht ausmalen. Die ohnehin von der Kirche wenig erwartenden und enttäuschten Menschen stellen fest, daß sie noch weniger erwarten können bzw. noch stärker enttäuscht werden. Es kommt, wie das Papier es ausdrückt, zu ›Frustrationsschleifen‹, zu negativen Verstärkungen, zu einer Abwärtsspirale, die den eingangs kalkulierten Schwund noch als geradezu optimistisch erscheinen läßt. So klug und sensibel die Studie *Strukturbedingungen der Kirche auf längere Sicht die rekursive Verstärkung in Verfallsprozessen* erfaßt, sie ist wenig konsequenzenbewußt im Blick auf die rekursive Wirkung der Studie selbst, auf die von ihr selbst ausgelöste Verstärkung der Austrittsneigung.« (Michael Welker, Kirche ohne Kurs, Aus Anlaß der EKD-Studie »Christsein gestalten«, © Neukirchener Verlag, Neukirchen-Vluyn, 1987)

»Herr, erwecke deine Kirche
und fange bei mir an!
Herr, baue deine Gemeinde
und fange bei mir an!«
(Gefunden bei Christian Möller, Seelsorglich predigen, Göttingen 1990^{2}, S. 170)

13. Sonntag nach Trinitatis

Predigttext: 1. Mose 4,1–16a

Ernst Öffner

Theologisch-homiletische Skizze

1. Die Geschichte von Kain und Abel ist unsere Geschichte

Ich schlage die Zeitung auf und lese tagtäglich, wie die Gewalt von Menschen gegen Menschen zunimmt. Lese von Überfällen auf Aussiedlerheime, auf die Wohnungen türkischer Familien in deutschen Städten, von Brandanschlägen und von Toten, vorwiegend Frauen und Kinder; von brutaler Gewalt gegen Behinderte; sehe Bilder im Fernsehen vom »Vergeltungsschlag« der amerikanischen Luftwaffe auf irakische Einrichtungen, bei dem auch »Zivilisten« ums Leben kommen; vom endlosen Bruderkrieg in Jugoslawien, bei dem muslimische Frauen von Serben vergewaltigt werden (»bei 100 habe ich aufgehört zu zählen«), Kinder als lebende Zielscheiben von Heckenschützen abgeschossen werden, ehemalige Nachbarn einander vertreiben, massakrieren, töten; vom Stammeskrieg in Somalia, währenddessen Tausende elend verhungern; vom Angriff der Armenier auf Dörfer in Berg-Karabach; vom Krieg der Kurden gegen die Türken und umgekehrt. Ich erlebe die Gewalt in Schulen, die Gewalt von Kindern gegeneinander und gegen Lehrer. Ich höre von der Gewalt am Arbeitsplatz, die Menschen zu Krüppeln macht. Gewalt, Gewalt, Gewalt.

Moderne Wissenschaften vom Verhalten des Menschen sagen: Die Aggression ist dem Menschen in die Wiege mitgegeben. Aber – leider – ohne die instinktive Tötungshemmung, die bei Tieren funktioniert. Die menschliche Vernunft scheint erfindungsreicher bei der Entwicklung immer neuer Tötungs- und Vernichtungsmöglichkeiten als bei der Entwicklung von Möglichkeiten des Aggressionsabbaus und der Konfliktlösung. Es ist nicht weit her mit der Höherentwicklung des Menschengeschlechts. Die Fortschrittsideologie im Blick auf die Humanisierung des Menschen erwies sich als Selbsttäuschung.

Die Geschichte von Kain und Abel – eine archaisch-archetypische und zugleich höchst aktuelle Geschichte. Diese alte Geschichte sagt: So ist der Mensch, so ist er von Anfang an. Ich entdecke Kain in mir. Er lebt in mir und meinesgleichen. Ich wende mich an den Erzähler der Geschichte und an die, die sie weitererzählt haben: Ist das alles? frage ich. Wo komme ich denn noch vor? Muß ich Abel sein, wenn ich nicht Kain sein will?

2. Kain und Abel – wer bin ich? Das Problem der Identifikation (Exegetische Weichenstellungen)

Die Grundfrage ist: Was will die alte Geschichte sagen? Damit sind wir mitten drin in den exegetischen Streitfragen. W. Thiel im Ergänzungsband (IV,4 Exegesen) deutet sie an. Während früher die stammesgeschichtliche Deutung vorherrschte (Gen 4 geht auf eine alte Kenitersage zurück), setzte sich seit dem großen Genesis-Kommentar von Claus Westermann die individuell-urgeschichtliche Deutung (»So ist der Mensch«) weitgehend durch. Einen Schritt weiter führt die Exegese des Alttestamentlers Diethelm Michel in GPM 77/1988, S. 371ff. Er verbindet wichtige Erkenntnisse Westermanns mit einer Neufassung der theologischen Traditionsgeschichte des Textes und ihrer homiletischen Konsequenzen und vermag die Frage nach dem Ziel der Predigt klarer zu fassen.

Rehabilitierung Kains
Kain ist in der Erzählung nicht von vorneherein »der Böse« und Abel »der Gerechte«, wie es die spätjüdisch-rabbinische und christliche Auslegungstradition karikiert (1 Joh 3,12; Mt 23,35). Kain ist nach Westermann »bis in das Opfer hinein nur positiv dargestellt«. »Der Frevel Kains ist allein der Entschluß zur Beseitigung des Bruders und dessen Durchführung« (BK I/1, 1983, 434). Diese Wertung hängt zusammen mit der Deutung des Opfers.

Das zentrale exegetische Problem
Was bedeutet es, daß Gott Abels Opfer »ansieht«, Kains Opfer aber nicht? Westermann löst das Problem, indem er feststellt, daß es hier gar nicht um ein kultisches Opfer, sondern um ein Erstlingsopfer der Früchte bzw. des Ertrags der Herde geht. Es hat zum Ziel, daß es die segensvolle Quelle der Gabe erschließt und daß der Strom des Segens weiterfließt. Segen aber ist Fruchtbarkeit, Wachstum. Das aber heißt: Wenn Gott das in diesem Sinn dargebrachte Opfer ansieht, hat das keine kultische Bedeutung, sondern eine ökonomische: Am Gelingen oder Nichtgelingen der Arbeit, am Gedeihen bzw. Nichtgedeihen zeigen sich Annahme bzw. Ablehnung des Opfers. Wenn Kain über den ausbleibenden Arbeitserfolg »erzürnt«, so ist das nach Westermann eigentlich eine ganz »normal(e) und berechtigt(e)« Reaktion: »er ist der ohne Grund Benachteiligte, Zurückgesetzte« (a.a.O., S. 405). Das ist die in Gen 4 beschriebene Grundsituation: »Mit dem Nebeneinanderleben von Brüdern (Gleichgestellten, Gleichberechtigten) ist die Möglichkeit der Ungleichheit da.« (S. 412) Brüder sind »natürliche Rivalen«; »im Brudersein wurzelt Rivalität, Konkurrenz, Streit, Feindschaft« (S. 390). (Vergleiche Jakob und Esau, übertragen: Abraham und Lot, Joseph und seine Brüder, wo andere Konfliktlösungen geboten werden!)
Hat das nun (auch für die Predigt) einen ethischen Indifferentismus zur Folge? Ist es also ethisch unerheblich, wer in Nordirland, in Bosnien, in Deutschland Täter ist und wer Opfer? Und: mit wem sollen sich Prediger/in und Predigthörer/innen identifizieren? Wem sollen ihre Sympathien gelten? Dem aus berechtigtem (!) Zorn über die nicht erklärbare Benachteiligung nur überzogen reagierenden Kain – oder dem »unschuldigen«, bis in den Namen hinein völlig blassen Abel (»Windhauch, Nichtigkeit«), von dem praktisch nur sein Opfer-Sein berichtet wird? Wenn hier (»urgeschichtlich«) ein Grundproblem der Menschen, ihr Zusammensein als Brüder/Geschwister dargestellt wird, wie es Westermann erklärt, dann sind wir entweder Abel (= »gesegnete« Bevorteilte, Besitzende, Reiche) oder Kain (= »nicht gesegnete« Benachteiligte, Arme, Neiderfüllte). Kann das Ziel der Predigt sein: über das faktische Nebeneinander von Bevorzugten und Benachteiligten und über die Folgen des daraus entstehenden Konfliktes zu predigen? Dafür bräuchte es keine Predigt, da genügte die Zeitung. Nur das: Kain – der Mensch, der am andern schuldig wird? Hier führt Diethelm Michel weiter:

Kain und Abel sind nicht unser Schicksal.
Nach Michel stammt die Erzählung vom Brudermord aus kenitischen Kreisen. Prahlend rühmten sie, daß ein rechter Keniter von niemandem eine Hintanstellung, eine Ungerechtigkeit, eine Beleidigung seiner Ehre erträgt (kennt man diese Wortwahl

nicht aus rechtsradikalen Mündern, als Rechtfertigung für die Greuel in Bosnien?). Siebenfach rächt er sich, nicht nur in einfacher Blutrache, und schont selbst seinen Bruder nicht. Als abschreckendes, Kraft verleihendes Zeichen tragen alle Keniter eine Tätowierung auf der Stirn. Gegen diese Vorstellung vom »berechtigten Zorn« wenden sich die Verse 6–7 als theologische Deutung des J (wobei das »Warum« den präzisen Sinn von »Was soll dabei herauskommen, daß du ...« hat). Also: »Hier wird die rabies kenitica interpretiert als Versuchung, der man widerstehen soll!« (GPM 1988, S. 376).

Daß der Weg Kains »zu nichts führt«, wird – erzählerisch-theologisch – deutlich daran, daß der Keniterstammbaum (Gen 4,1–2.17–24) »ins Leere läuft« – jedenfalls im Blick auf die weitere »Heilsgeschichte«, die Geschichte, die auf Abraham und damit Israel und für Christen letztendlich auf Christus hinläuft (Mt 1). Im Rückblick (von J aus) wird dann sogar noch ein Abglanz der Heilsgeschichte erkennbar, »Evangelium«: das Stammeszeichen der Keniter wird vom J umgedeutet zu einem Schutzzeichen der gnädigen Bewahrung Gottes, das den Brudermörder als Eigentum Jahwes bewahren und am Leben erhalten soll: keine Vergeltung!

3. Kain und Abel – an wen wendet sich die Geschichte?
(Ziel und Intention der Predigt)

Kain und Abel – das sind im menschlichen Zusammenleben immer wieder vorkommende Möglichkeiten. Entweder bin ich bevorzugt oder benachteiligt, Hans im Glück oder Aschenputtel. Da kann sich jemand abstrampeln, soviel er will. Dem einen fällt es in den Schoß. Ihm gelingt alles – und der andere, alles, was er anfaßt, geht schief. Schuld, Tragik, Schicksal? Und immer bin ich Täter oder Opfer. Offen bleibt die Frage: bin ich Kain oder bin ich Abel – oder bin ich vielleicht beides?

Gibt es eine Alternative zu Kain und Abel? Kain und Abel müssen nicht unser Schicksal sein. Das Evangelium des Sonntags vom barmherzigen Samatier (Lk 10,25–37) demonstriert, daß man zu seinem Nächsten (Bruder!) sich auch anders verhalten kann, als es in dem urgeschichtlichen Muster von Kain und Abel vorgeführt wird. (*Predigtidee:* Man könnte die Geschichte dreifach erzählen: 1. Das Prahllied der Keniter, aktualisiert durch die martialischen Kriegsgesänge unserer Tage: Ja, so ist der Mensch. 2. Die Geschichte von Kain und Abel als Kritik an diesem »alten Lied« der Weltgeschichte: Gott will einen anderen Ausgang. 3. Die Geschichte vom barmherzigen Samariter als neue Brudergeschichte: Kain, der Reisende aus dem verfemten, »nicht gesegneten« Samaria, gibt Abel, dem reichen, »gesegneten«, aber unter die Räuber gefallenen »Opfer«, nicht »den Rest« – eine Hoffnungsgeschichte gegen die Kain-und-Abel-Erfahrungen.) Die Geschichte von Kain und Abel wird sich so lange fortsetzen, solange nicht der Mörder gefragt wird, warum er tötet und welche echten Zukunftsvisionen und Zukunftschancen er hat!

Wenn die Geschichte sich an *Kain* und seinesgleichen wendet: Er steht für den Menschen, der am andern schuldig wird. Er wird lebensvoll gezeichnet: als Mensch mit Fleisch und Blut, mit Leidenschaften und voller Aktivität. Eine schillernde Figur, bei der Glaube (Opfer!) und Schuld nahe beieinander liegen. Warum tötet er? Er ist benachteiligt, beim Opfer merkt er es. Er möchte akzeptiert sein, angenommen. Jeder tut das, indem er das Beste opfert auf dem Altar der Anerkennung. In der Hoffnung, wenigstens wenn er so tüchtig, so fleißig, so erfolgreich, so angesehen ist wie es irgend geht, und wenn er all das noch nicht einmal für sich selber gebraucht, sondern investiert und opfert, mindestens dann wird man ihn mögen. Wenn er so viel schenkt und darbietet, als nur irgend geht. Die Triebfeder alles dessen ist – die Angst, nicht anerkannt zu werden. »Das Problem der Kain-und-Abel-Geschichte ist, daß es auf

der Stelle neben uns einen anderen geben wird, unseren Bruder, unseren Mitmenschen, der von den Startlöchern her – die Natur ist ungerecht – besser ausgerüstet ist, mehr zu investieren vermag, ungleich im Vorteil ist; nicht aus Gründen der Gerechtigkeit, einfach so. Und diesen anderen werden wir an die Wand stellen müssen auf dem Weg zur Rückgewinnung einer verlorenen Liebe. So sind die Gefängnisse der Welt voll von Mördern, die eigentlich nichts weiter wollten, als daß es jemanden gibt, der sie liebt. Und insgesamt ist jede Aggression mobilisierbar einzig aus dem Verlangen nach einer Liebe, an die wir schließlich nicht mehr glauben können. Das Paradox des Jenseits von Eden ist, daß wir beim Bemühen, Gottes Gunst zurückzugewinnen, zu mörderischer Konkurrenz untereinander antreten.« Die moralische Warnung, »sich zu beherrschen« (Vers 7), kommt zu spät. Im Rückstau gerade dessen, was Kain beherrschen wollte, brach es durch – und er wurde zum Mörder, gerade weil sein Bruder ihm so nahe stand. (Darum sind die Türken bei uns so »gefährlich«, Anlaß zur Aggression – nicht die in der Türkei, wo wir getrost Urlaub machen und sie als gastfreundlich empfinden. Darum ist der härteste Völkermord unter den »Brüdern« in Bosnien im Gange ...) Die Geschichte von Kain und Abel: ein erbarmungsloser Konkurrenzkampf um Ansehen, Anerkennung, eigentlich um Liebe. »So schildert uns die Bibel die Tragödie des Bösen. Die Menschen sind Gefangene einer Angst, aus der sie zutiefst solange kein Entrinnnen finden werden, als sie nicht erlöst werden durch die Macht des Vertrauens.« (Drewermann/Helfer, Höver, Freispruch für Kain?, Matthias-Grünewald-Verlag, Mainz, 1992^4)
Wie aber, wenn unter den meisten Kanzeln nicht Kains, sondern Abels sitzen, »Gesegnete«, Besitzende? Was tut *Abel* (oder was tut er nicht), daß Kain zu dem wird, der er ist? Täter – Opfer: ist das von vornherein ausgemacht, wie die Rollen verteilt sind? (Abel als Opfer: Dazu lese man den autobiographischen Aufschrei Dorothee Sölles in W. Jens, Assoziationen 4, 1981, S. 158ff.)
Im Blick auf die »gesegneten«, reichen Abels wäre zu fragen, was sie tun müssen, tun können, damit Kain anders handeln kann. Wie steht es mit dessen Bedürfnis nach Anerkennung? Ist das nicht verständlich, berechtigt? Können Konkurrenzsituationen nicht entschärft werden? Theologisch: Ist Segen Besitz – oder anvertraute Gabe? Was ist die Konsequenz, daß wir singen: »Alle gute Gabe kommt her von Gott dem Herrn; drum dankt ihm, dankt und hofft auf ihn!« Muß der Dank nicht konkret, leibhaftig werden – als Hilfe für die Zukurzgekommenen, als Sorge für den Frieden? Von Verantwortung, persönlicher, auch weltweiter Verantwortung wäre hier zu reden. Es ist gewiß nicht zufällig, daß in der Erzählung Abel so blaß und blutleer bleibt – außer Namen, Beruf, Opfer und Gesegnetsein wird nichts von ihm berichtet. »Wer mit seinem ›Gesegtnetsein‹ nicht mehr anzufangen weiß, als es einfach hinzunehmen, wird verantwortlich für die Entwicklung, die Kain nimmt. Für uns lautet dann jetzt die Frage Gottes: ›Abel, wo ist dein Bruder Kain?‹ Hoffentlich antworten wir nicht: ›Soll ich meines Bruders Hüter sein?‹« (D. Michel, a.a.O., S. 377)

Vorschläge zur Liturgie

Kyrie

Angewiesen sind wir auf Anerkennung,
hoffend, daß unsere Mühe nicht umsonst ist,
sehnsüchtig wartend, daß jemand ja sagt zu dem, was wir tun.
Wehe, wenn es ausbleibt.

Sag du Ja zu uns, Gott,
und laß es uns hören, verstehen,
daß es uns erwärmt und aufrichtet in unserer Angst
und wir anderen die Anerkennung geben können, die sie brauchen.
Herr, erbarme dich

Einladung zum Gloria
Gottes Liebe ist größer als unsere Angst und unsere Schuld. Darum erinnern wir uns an die Zeichen seiner Liebe und sprechen voll Freude: Lobe den Herrn, meine Seele, und vergiß nicht, was er dir Gutes getan hat ...

Gebet
Barmherziger Gott, laß uns nicht müde werden in unserem Glauben und in der Liebe. Erwecke in unserem kalten Herzen Güte und Gerechtigkeit. Dein Wille geschehe mit uns. Erhöre uns durch Jesus Christus, der mit dir und dem Heiligen Geist diese Welt durch seine Liebe erlöst. Amen.
(Peter Helbich)

Lieder
Eingang: EKG 263 oder 264. *Wochenlied:* 244,1.3.5 (oder 247,1-2). *Predigtlied:* 195 oder 294. *Nach der Predigt:* 159.

Predigtvorschlag

Möglicher Predigtanfang
Die alte Geschichte von Kain und Abel hält uns den Spiegel vor. Es ist unsere Geschichte. Eine Geschichte der Gewalt. Gewalt, wohin wir sehen: Serbische Tschetniks vergewaltigen muslimische Frauen. Kroaten werden vertrieben und vertreiben ihre Nachbarn. Rechtsradikale werfen Brandsätze in Häuser türkischer Familien, erschlagen Ausländer, machen Hatz auf Behinderte. Ein Rechtsanwalt verdreht das Recht und die Maßstäbe und macht aus den Tätern Opfer und aus den Opfern Täter. Auch das eine Form von Gewalt. Amerikaner bombardieren als vorweggenommene Vergeltung Ziele im Irak. Israelis drohen den Südlibanon unbewohnbar zu machen – aus Vergeltung. Zahlreiche Tote, auch unter der »Zivilbevölkerung« (also bei den unbeteiligten Leuten), Hunderttausende fliehen, lassen zerbombte, kaputte Häuser zurück, fliehen um ihr Leben. Die Bilder der Opfer: geschändeter Frauen, zerfetzter, quälend sterbender Kinder in Bosnien, gehen um die Welt. Aber auch die Gewalt bei Kindern nimmt zu, auf Spielplätzen, in Schulen. Achtjährige Kinder kämpfen miteinander, wie sie es in ihren Videos gesehen haben: Tritte in den Unterleib, Vergewaltigungsgesten gegenüber Mädchen. Spitze des Eisbergs, wenn Kinder in Liverpool einen Säugling umbringen – »einfach so«. Das Klima in den Betrie-

ben wird rauher: »Mobbing« heißt das neue Schlagwort. Ellenbogen-Karriere, den andern austricksen, schlecht machen, absägen. Immer mehr werden darüber krank, fallen aus, fallen raus. Die Stärkeren, Skrupelloseren überleben. Täter und Opfer, Kain und Abel – »das ist beinahe die Essenz der ganzen Weltgeschichte« (Stanislaw J. Lec).
Daß Kain den Abel umbringt, die K-Gruppe die A-Gruppe, das ist offenbar »das Grunddatum unserer Kultur« (Dorothee Sölle). Es geschieht jeden Tag und es wird, wie noch nie in der Geschichte der Menschheit, täglich vorbereitet. Es wird praktiziert, erzählt, gefilmt und angepriesen. Die Möglichkeiten des Menschen heißen: Kain oder Abel. Henker oder Opfer. Unrecht tun oder Unrecht leiden. Nummer Eins oder Nummer Zwei sein. Das erste, was unsere Kinder lernen, ist zu gewinnen (wie Kain) – um nicht zu verlieren (wie Abel).
Die Geschichte von Kain und Abel ist unsere Geschichte. Eine Geschichte der Gewalt. So alt diese Geschichte ist – bis heute handelt die öffentliche Moral nach der archaischen Devise: wie du mir, so ich dir. So wird Haß mit Haß, Unrecht mit Unrecht, Totschlag mit Totschlag beantwortet. (Hier könnte die alte Kenitersage als Illustrationen eingebaut werden.) Vergeltung ist der Krankheitsherd, der das Geschwür des Bösen wachsen läßt. In unseren Schulen. Auf unseren Straßen. In Bosnien. In Israel. Die Geschichte von Kain und Abel ist unsere Geschichte. Ist sie auch unser Schicksal? Gibt es kein Entrinnen, keine Alternative?

Zum weiteren Verlauf
Diese Erfahrungen, diese Fragen sind so neu nicht. Schon immer offenbar, solange es Menschen gibt, gibt es Gewalt, gibt es Mord und Totschlag, gibt es Unrecht und Schuld. Und schon immer fragen Menschen nach den Ursachen, nach einer Erklärung, in der Hoffnung, herauszukommen aus diesem Kreislauf der Gewalt, in der Hoffnung, neue Wege zu entdecken. Muß es immer so bleiben, wie es von Anfang der Welt an offenbar war?
Ein Gottesmann in Israel, einer der weisen Alten, wagt eine Antwort. Er gibt sie in Gestalt einer Geschichte. Und weil er ein Gottesmann ist, auf Gott bezogen lebt, ist auch in seiner Geschichte alles auf Gott bezogen. Ja, in Geschichten wie dieser offenbart sich Gott. Und darum steht diese Geschichte in der Bibel. Darum gehört sie zur Verkündigung, darum heute in diese Predigt.
So erzählt der alte Gottesmann, wie die Gewalt ihren Lauf genommen hat unter den Menschen, wie sie sich fortpflanzte und »fortzeugend immer Böses muß gebären« – bis auf seine, bis auf unsere Tage. Er erzählt von zwei Brüdern, Kain und Abel. Sie kennen die Geschichte. Aber er erzählt die Geschichte so, daß wir am Ende merken: Kain und Abel – das muß nicht unser Schicksal bleiben! Wir müssen genau hinhorchen auf seine Geschichte. Erst dann hören wir die Zwischentöne, die neu sind. Und vielleicht ist es am Ende eine Hoffnungsgeschichte gegen unsere vielen Kain-

und-Abel-Geschichten, gegen die Geschichte der Gewalt, die uns so vertraut ist, gegen das resignierte »Ja, so ist es eben«.
Als Kain seinen Bruder auf dem Acker hingestreckt liegen sah, den er soeben erschlagen hatte, ist mit einem Schlage (mit eben diesem Schlage!) alles anders geworden. Er hat nicht nur den Bruder getötet. Nun ist auch die Brüderlichkeit getötet. Wie konnte es dazu kommen?
Kain und Abel sind einer Mutter Söhne. Sie sind zusammen aufgewachsen. Haben miteinander gespielt. Wurden miteinander groß. Die ganze Welt stand ihnen offen. Was würden sie beginnen? Sie wollten leben. Und Kain wurde Viehzüchter, Schäfer sozusagen, und Abel ein Ackerbauer.
Aber auf einmal wurde ihnen die weite Welt zu klein. Vielleicht kam es schon bald zu Übergriffen. Kains Herden auf Abels Acker? Abels Spaten in Kains Weiden? Vielleicht. Grenzkonflikte? Eifersucht, wenn des einen Plackerei mehr Gewinn abwarf als die des andern? Etwa ein Anflug von Schadenfreude, wenn der Hagel die Ernte des einen zunichte machte oder etwa eine Viehseuche die Herden des anderen dezimierte?
Nun, alles halb so schlimm, wir sind ja Brüder. Und unter Brüdern läßt sich alles friedlich regeln. Und es ging ja auch alles gut – etliche Zeit. Bis das Opfer kam.
Dieses Opfer, von den ersten Früchten der neuen Ernte und den erstgeborenen Tieren des Jahres genommen, hat eine besondere Bedeutung. Wer dieses Opfer darbringt, bekennt, daß die Erde und was sie trägt, Gott gehört. Von ihm kommt aller Segen. Von ihm Gedeihen und Erfolg. (Wir singen das noch in einem unserer Erntedanklieder: »Wir pflügen und wir streuen ...«) Das Opfer ist ein Dank an Gott für das Wachstum der Felder und Gedeihen der Herden. Auch Bitte, daß der Strom dieses Segens weiter fließen möge.
Und nun sagt der alte Erzähler, daß Gott das eine Opfer, das Opfer Abels, »ansah«, das andere, das Opfer Kains aber nicht. Wie das? Sicher haben manche von Ihnen noch das Bild im »Gottbüchlein« oder eine Bibelillustration von Schnorr von Carolsfeld im Gedächtnis, wo Abel aufrecht neben seinem Altar steht, der Rauch steigt geradewegs zum Himmel auf; und daneben, auf den Boden gekauert, mit grimmigem Blick und »geknickt« im wahrsten Sinne des Wortes Kain, sein Opferrauch wird zu Boden gedrückt, von Gott nicht angenommen.
Bilder prägen das Verständnis von Geschichten. Dieses Bild aber verstellt das Verständnis der Geschichte von Kain und Abel.
Für uns (und für das Neue Testament) scheint es ausgemacht, daß Kain der Böse, der Ungerechte ist, und Abel der Gute, Gerechte. Aber eben das will der Erzähler gar nicht sagen. Er will gerade nicht sagen, Kain habe in falscher oder gar böser Gesinnung gehandelt, er habe falsches Opfermaterial verwendet oder es in falscher Art dargeboten. Nein: In der Sprache der alten Erzählung ist vielmehr das gemeint: Das Opfer bringt nur zum Ausdruck, was vorher, im Alltag, längst zu sehen war. Abel erlebte den Segen

Gottes ja handgreiflich darin, daß seine Felder reichen Ertrag brachten, Kain dagegen arbeitete und schuftete, aber seine Herden warfen nur geringen Ertrag ab, und eine Seuche raffte die besten Tiere hinweg. Kain ist nicht schuld daran, daß seine Arbeit nicht gesegnet wird! Und das kennen doch Sie und ich auch, und das gehört offenbar zur Urerfahrung der Menschheit: Daß Gelingen und Mißlingen, Glück und Erfolg – und Unglück und Mißerfolg nebeneinander stehen und nicht rational erklärt werden können. Da kann sich jemand abstrampeln, soviel er will. Dem einen fällt es in den Schoß. Ihm gelingt alles – und der andere, alles, was er anfaßt, geht schief. Schuld? Nein, eher Tragik, Schicksal! Der eine hat Glück – der andere immer Pech. Kennen Sie Familien, in denen ein Unglück auf das andere folgt? Schuld? Nein, furchtbare, nicht erklärliche Tragik.

Genau so ist's bei Kain und Abel. Keine Schuld. Der eine wird reich. Der andere bleibt arm. Und es ist unerklärlich, warum. Und wie das ärgert und nagt! Und wie aus dem bohrenden Ärger, aus dem Gefühl, ungerecht behandelt zu werden, Neid wird, und aus dem Neid Wut und aus der Wut entstehen Rachephantasien. Und plötzlich platzen die angestauten Gefühle und Aggressionen heraus und es passiert ... Zwischen Brüdern. Zwischen Arbeitskollegen. Zwischen Bevölkerungsgruppen wie in Nordirland oder in Jugoslawien. Zigtausendmal fragen Menschen Tag für Tag: »Womit habe ich das verdient?« Womit hat Abel seinen Erfolg verdient, womit hat er es verdient, daß sein Opfer angenommen wurde? Was hat Kain verbrochen, daß er mit seinen Herden nicht den Erfolg hatte, den Abel hatte? Keine Antwort. Keine vernünftige Erklärung. Und das kränkt erst recht.

Kain fühlte sich ungerecht behandelt. Er war der zu Unrecht Benachteiligte. Und so regte sich Neid und Zorn bei ihm. Und die Gedanken bohrten sich in ihn hinein, fraßen sich fest in seiner Seele: Wieso das? fragte er sich. Ist mein Opfer weniger wert? Bin ich weniger wert? Wieso ruht auf dem, was Abel tut, Gottes Segen, auf meiner Arbeit aber nicht? Sie kennen gewiß solche bohrenden Fragen, nachts, wenn man nicht schlafen kann. Kain kam zu immer schrecklicheren Vermutungen. Der alte Erzähler sagt kurz und bündig: Kain ergrimmte sehr und senkte finster seinen Blick.

So bahnte sich das Verhängnis an. Aber Kain ging nicht ungewarnt in sein Verderben. Gott selber, so erzählt es der alte Weise, schaltete sich ein und sprach zu ihm: Paß auf und hüte dich! Was soll dabei herauskommen, daß du so erzürnst? Was wird die Folge sein, wenn dein Gesicht sich vor Zorn verfinstert und dein Blick sich senkt, daß du nicht mehr die Folgen deines Tuns bedenkst? Gott warnte Kain vor seinen Gefühlen, vor dem Sich-Verbohren in den Neid und in den Haß, vor der sich anbahnenden Spirale der Gewalt, der Vergeltung, vor Mod und Totschlag.

Aber Kain war jetzt nicht mehr in der Lage, sich zu beherrschen. Gegen Gott konnte er sich nicht auflehnen, also konzentrierte sich sein Haß auf seinen Bruder Abel. Konnte der etwas dafür, daß er mehr Erfolg hatte?

Aber so irrational geht es eben zu in der Welt, wenn Haß und Vergeltung im Spiel sind. Und dabei geht immer mehr kaputt, als der Ausgangspunkt des Streites war. Am Ende haben immer alle weniger als zuvor.
»Laß uns aufs Feld gehen«, brummte er. Vielleicht war das ein letzter Versuch, mit Abel zu reden. Aber dazu ist es dann nicht mehr gekommen. Die beiden gehen übers Feld, jeder mit seinen Gedanken beschäftigt. Abel arglos, vielleicht glücklich, weil Gott gut zu ihm war. Kain wie besessen von seiner Wut, finster der Blick. Die rechte Hand umklammert die Axt auf dem Rücken. Und dann geschah's. Kain erhob sich wider seinen Bruder Abel und schlug ihn tot. Erschlagen ist mit einem Schlag die Bruderschaft unter den Menschen.

Orgelzwischenspiel

Woher kommt die Gewalt in der Welt, woher Mord und Totschlag? Aus den Unterschieden der Menschen, sagt der alte Erzähler. Daß die einen reich und die anderen arm sind, die einen vom Glück begünstigt und die anderen nicht. Und er führt die Unterschiede auf Gott zurück: Gott hat es so gewollt. Er segnet – oder er segnet nicht.
Mich kann diese Antwort heute so nicht mehr befriedigen. Müßte ich dann nicht Gott verteidigen wegen seiner Ungerechtigkeit und Willkür?
Ich will lieber mit Kain und Abel reden, wie sie diese Ungerechtigkeit erlebten, mit ihnen reden darüber, wie es zu dem Unglück kam, zu diesem Mord – und wie er vielleicht vermeidbar gewesen wäre, vermeidbar wäre in unseren Tagen. Ihr Schicksal muß nicht unser Schicksal sein. War das nicht die Absicht des alten Erzählers?.Darum will ich auch mit Gott reden, was denn sein Wille ist.

Ich spreche mit Kain:
Kain, du warst von Haus aus kein Mörder. Wie kam es dazu, daß dich der Erfolg deines Bruders so umhaute? Ich kann dich ja verstehen, wie es dich ärgerte ... Aber dieses unselige Vergleichen! Hätte es keinen anderen Ausweg gegeben? Ich suche dich in Jugoslawien, in Nordirland, auf unseren Straßen. Aber du siehst deinem Bruder Abel so ähnlich. Wer ist Kain, wer ist Abel? Wer ist der Täter, wer das Opfer? Kain, du trägst viele Gesichter, auch hier bei uns. Es sind beileibe keine Verbrechergesichter. Du fühlst dich zukurzgekommen, überflüssig, benachteiligt, du meinst, die anderen nehmen dir den Arbeitsplatz weg, den Raum zum Leben ... Fing nicht alles damit an, daß du den Eindruck hattest, oder zumindest die Angst, abgelehnt zu werden, von deiner Mutter, oder von Gott, damals beim Opfer, und schon vorher, vielleicht von deinem Bruder – und dann ging es weiter: dann kam der Zorn, und mit dem Zorn kam dann, als Rache für die Ablehnung, der Gedanke, du könntest dein Recht selbst suchen, und aus dem Gedanken wurde die Tat. Sie tut dir jetzt vielleicht leid, aber du kannst sie nicht rückgängig machen, und so schleppst du deine Schuld mit dir herum,

und mit ihr dein schlechtes Gewissen. Kain, wie kann dir geholfen werden? Du schaust schon wieder so finster. Du willst wohl sagen: Mir kann überhaupt niemand helfen!? Kommt deine Wut aus deiner Angst, im Leben immer zukurz zu kommen? Woher käme sonst so viel Aggression und Gewalt in der Welt, wenn nicht aus dieser Angst?
Kain, ich kann dir nicht helfen, weil ich die Welt nicht verändern kann und auch deine Gefühle in deinem Leben nicht auslöschen kann. Aber ich wünsche dir wenigstens einen Menschen, zu dem du gehen kannst und der dich wirklich gern hat. Er sollte dich so gern haben, daß er deinen finsteren Blick erträgt. Er sollte dich mögen, obwohl du nicht immer der strahlende Sieger und der blendende Unterhalter bist. Und er sollte dir selten recht geben, damit du dich nicht verrennst. Kain, wenn du so jemanden kennenlernst, dann hüte ihn wie deinen Augapfel. Du brauchst ihn zu deiner Genesung. Denn du mußt reden, reden, reden. Es ist ja wirklich ungerecht, daß die einen auf der Sonnenseite leben und die anderen, die im Schatten, sieht man nicht. Oft weiß ich es wirklich nicht, warum das so ist. Manchmal kann ich's verstehen, warum jemand Erfolg hat: er hat geschuftet, gewiß, aber er hat auch ganz, ganz viel Glück gehabt. Und die Hälfte seines Erfolges verdankt er anderen Menschen. Er sollte dafür dankbar sein und sich nicht so viel darauf einbilden. Aber wenn dann welche sagen, es sei Gottes Wille, daß das so ist, daß es Reiche gibt und Arme, Erfolgreiche und welche, die unter die Räder kommen, Glückliche und vom Unglück Verfolgte – dann glaub ihnen nicht! Rede, Kain, klage, schrei deine Verletzung heraus, deinen Schmerz über die himmelschreiende Ungerechtigkeit! Aber räche dich nicht. Dadurch wird alles nur noch schlimmer. Du weißt ja, wohin die Weltrevolution der ausgebeuteten Proletarier geführt hat! Es wird alles nur schlimmer. Ich wünsche dir stattdessen, daß du das Vertrauen lernst, schrittweise, ganz allmählich. Zu Menschen, und zu Gott. Dann wird es dir besser gehen. Ich bin sicher.

Ich spreche jetzt mit Abel:
Abel, du bist das Opfer, du bist unseres Mitgefühls sicher. Aber hier stocke ich schon. Bist du wirklich nur das Opfer? Es ging dir gut. Gott segnete dich und du merktest das an deinem Wohlergehen. Vermutlich warst du ein glücklicher Mensch.
Abel, wozu hast du dein Wohlergehen genützt? Hast du je an Kain gedacht? Warst du nicht ein wenig gedankenlos in deinem Glück? Vielleicht nahmst du es zu selbstverständlich, daß du der Begabtere, der Erfolgreichere, der Reichere warst. Abel, wo ist dein Bruder Kain gewesen? Hättest du nicht doch deines Bruders Hüter sein können?
Du meinst, das wäre nicht gegangen? Euch trennten Welten? Er hätte jede Zuwendung mißverstanden? Du meinst: Jeder muß eben seine Rolle spielen, der eine oben, der andere unten? Aber kannst du nicht hin und wieder aus deiner tollen Rolle ausbrechen und nur noch Abel sein, Abel, der Bruder

des Kain, der Sohn der Eva und des Adam – ganz einfach ein Mensch, ohne Rolle? Ein Mensch mit einem Herzen, mit Mitgefühl für seinen Bruder – und deinem Reichtum und deinen Ideen! Kain wartet darauf. Ahnst du überhaupt, was er fühlt? Wie weh das Schicksal tut, zurückgesetzt zu sein? Verzweifelt ist er und ohne Hoffnung. Er hat nichts mehr zu verlieren. Paß auf, Abel, daß Kain sich nichts antut und dir nichts antut!
Noch etwas, was dich vielleicht gar nicht freut: Du bist nicht so ganz anders als Kain. Ich denke, du kannst Kain besser verstehen als dir lieb ist. Steckt nicht etwas von Kain auch in dir drin? Könnte es sei, Abel, daß du dich selber noch gar nicht ganz kennst? Daß du den Kain in dir nicht kennst? Die Angst vor dem Abgelehntwerden. Die Angst vor dem Zukurzkommen. Und die Wut, die daraus kommen kann. Vielleicht ist Kain die dunkle Seite in dir? Sie gehört zu dir wie dein Schatten. Du wirst ihn nicht los. Aber wenn du lernst, mit dieser dunklen Seite in dir vorsichtig umzugehen, dann überrascht sie dich wenigstens nicht mehr. Das Böse findet sich niemals nur bei anderen. Der Kampf zwischen Gut und Böse findet immer auch in dir statt. Darum: Paß auf, Abel!

Möglicher Schluß
Die Geschichte von Kain und Abel hält uns den Spiegel vor. Es ist unsere Geschichte. Blut. Eine Sintflut von Blut. Blut, unschuldig vergossenes Blut, aus Angst und Haß vergossenes Blut, vergessenes Blut auf vergeßlichen Händen. Getötetes Leben. Getötete Hoffnung. Gibt es noch Tränen, die abwaschen können das vergessene Blut auf vergeßlichen Händen? Gibt es noch Gedanken, gibt es noch Taten, die zum Leben bringen das Getötete? Getötete Hoffnung – zum Leben erweckte Hoffnung?
Wir sind arm an Hoffnung. All die Gewalt, die wir sehen, die wir spüren und an der wir weltweit selbst Anteil haben (auch wenn es uns nicht bewußt ist), all diese Gewalt ist Zeichen der Angst und Folge der Hoffnungslosigkeit. Die Anschläge auf Wohnungen von Ausländern, der Terror in Nordirland, das Morden in Bosnien, die Vergeltungstaktik in Israel – Zeichen der Angst und Folge der Hoffnungslosigkeit.
Gibt es Hoffnung für Kain, Hoffnung für Abel? Die alte Geschichte leugnet nicht die Realität des Bösen. Aber sie endet eigentümlich gnädig:
Als Kain seinen Bruder auf dem Acker hingestreckt liegen sah, und ihm mit einemmal bewußt wurde, was er da getan hatte, meinte er plötzlich eine Stimme zu hören. Gott sprach zu ihm: Kain, wo ist dein Bruder Abel? Er antwortete: Ich weiß es nicht. Soll ich meines Bruders Hüter sein? Gott aber sprach zu Kain: Was hast du getan? Die Stimme des Blutes deines Bruders schreit zu mir von der Erde. Darum: Verflucht seist du von der Erde, die ihr Maul aufgetan hat, um deines Bruders Blut von deinen Händen zu empfangen. Unstet und flüchtig sollst du sein auf Erden. Kain aber sprach zu Gott: Die Strafe ist zu schwer für mich. Du treibst mich heute weg vom Acker und ich muß mich vor dir verbergen. Ich muß Flüchtling sein auf

dieser Erde. Wer mich findet, wird mich totschlagen. Gott aber sprach: Nein, so soll es nicht sein! Und Gott machte ein Schutzzeichen an Kain, daß niemand ihn erschlüge, der ihn fände. So ging Kain hinweg von dem Angesicht Gottes und wohnte im Land Nod, jenseits von Eden.
Vielleicht fängt damit ein neuer Weg an, wenigstens für Kain. Die Spirale der Gewalt ist durchbrochen, ein Schutzraum eröffnet, in dem Neues wachsen kann. Das Gesetz der Vergeltung ist durchbrochen, unterbrochen. Gott selbst stoppt den Mechanismus der Vergeltung. Verzicht auf Vergeltung heißt nicht, sich dem Bösen widerstandslos zu fügen. Aber es heißt, alles daransetzen, daß Entfeindung möglich wird – und dann ein gerechter Interessenausgleich. Nur Entfeindung führt aus der Sackgasse der Gewalt heraus. International braucht's dafür allgemein legitimierte Institutionen, im persönlichen Bereich kann jeder von uns seinen Beitrag zur Entfeindung leisten. Feinde zu Freunden machen – das ist durchaus vernünftig! »Die zu Fremden gemacht werden – macht sie euch zu Freunden!« sagte Konrad Raiser, der Präsident des Ökumenischen Rates der Kirchen, beim Münchener Kirchentag. Gottes Schutzzeichen, sein »Kainsmal«, ist unsere einzige Chance – Hoffnung für Kain und eine kainitische Menschheit. Ende der Vergeltung. Friedenszeichen.
Das Kreuz über unseren Kirchen – es will zum ökumenischen Schutzzeichen werden, zum Hoffnungszeichen, zum Friedenszeichen für eine friedlose Menschheit. Zum Keim des Neuen. Nicht mehr Kain und Abel. Sondern Jesus, der Bruder.

Die Predigt mündet am Schluß ein in ein
Gespräch mit Gott

Großer Gott, mit dir kann ich nicht rechten. War der Mord vermeidbar? Mit dir kann ich nicht rechten. Warum so viel Ungerechtigkeit in der Welt, Reich und Arm, Täter und Opfer? Warum so viel Leiden? Was soll ich tun? Ich kann mit dir nur reden, indem ich mich auf Jesus berufe. Ich spreche zu dir, wie Jesus es seine Jünger gelehrt hat und halte das Brüderpaar Kain und Abel dagegen. Ich spreche ein Vaterunser für Kain und Abel ...
(nach einer Rundfunkpredigt von Johannes Opp, Kirche im Rundfunk, München 1993/Nr. 5)

14. Sonntag nach Trinitatis

Predigttext: 1. Thessalonicher 1,2–10

Dieter Krabbe

Theologisch-homiletische Skizze

Drei Beispiele vom Warten heute

1. Im unterfränkischen Hettstadt bei Würzburg entsteht ein »Neues Jerusalem«, die erste mustergültige »urchristliche Gemeinde«. Unter dem Namen »Heimholungswerk Jesu Christi« wurde vor knapp 20 Jahren eine Bewegung gegründet, die in äußerst scharfer Weise gegen die Kirchen angeht und verstärkt Jugendliche in ihre Nachfolge ruft.
Gabriele Wittek aus Würzburg fühlt sich zur »Prophetin des Herrn« berufen: Sie erfahre nicht nur das Göttliche, sie lebe sogar darin; Gott offenbare sich ihr direkt in Christus. Die inzwischen unter dem neuen Namen »Universelles Leben« auftretende Bewegung ruft dazu auf, Jesus Christus nicht in den großen christlichen Religionen zu suchen, sondern im eigenen Inneren, im Ich. Abkapseln ist angesagt. Christliche Theologie wird als »satanisch« bezeichnet; ihre Geistlichen würden die Anhänger des »Universellen Lebens« verdummen, weil sie den inneren Pfad, den Weg zum inneren Reich Gottes, nicht kennten. Auf ihn aber gelänge man nur, wenn man der Prophetin nachfolge und an den Kursen über Meditation und urchristliches Heilen teilnehme, denn nur dort übertrage sich die »kosmische Christus-Kraft« und der »Äther aus der Luft« auf den einzelnen. Dieser innere Pfad bedeute Anweisungen zur »Inneren Reinigung«, die eine weitere Reinkarnation unnötig mache. Auf dem Nürnberger Hauptmarkt vor der Frauenkirche wirbt das »Universelle Leben« mit Brot, Eiern und Nudeln – alles biologisch reine Erzeugnisse – um Nachfolger. Und die müssen als erstes die Kirche verlassen und ihr Vermögen der Bewegung überschreiben. Mit Hilfe dieser Gelder wird der »Christus-Staat« mit seinen »Christus-Betrieben« finanziert. In Hettstadt wurden bereits Bauernhöfe und Kindergärten aufgekauft, auch eine »Christus-Klinik« soll eingerichtet werden. Dort wird »Heilung aus dem Geist« ohne Medikamente und pflanzliche Stoffe versprochen.
Zwei Mitglieder unserer Gemeinde sind vor ein paar Monaten aus der Kirche aus- und dem »Universellen Leben« beigetreten – sie hätten dort mehr »warme Herzlichkeit« gefunden und den Sinn des Lebens, sagten sie.
In Hettstadt haben Menschen das Warten auf Christus aufgegeben; inzwischen an weiteren 19 Orten Bayerns auch. Sie suchen eine Abkürzung zum Reich Gottes. Einer verfaßten, in ihren Augen verstaubten, müde gewordenen Kirche wollen sie nicht länger angehören. Der Rückzug ins Innere erscheint ihnen als Weg zu wahrer Freiheit. Der Prophetin gehorchen sie aufs Wort. »Jeder bestimmt selbst, ob das Jenseits für ihn zum Himmel oder zur Hölle wird«, heißt es im Programm. Laut Gerichtsbeschluß darf das »Universelle Leben« als totalitäre Organisation bezeichnet werden, die von einer Frau mit eiskalter Brutalität geführt wird und ein gnadenloses System der Selbsterlösung aufgebaut hat, das hilfesuchende Menschen in die Abhängigkeit führt ...

2. In unserer ungarischen Patengemeinde haben Menschen das Warten auf Christus durchgehalten. Die junge Pfarrerin versieht ihren Dienst nahe der rumänischen Grenze mit Eifer und Freude. Nach 40 Jahren totalitärer Herrschaft stehen die meisten Menschen der Kirche zwar entfremdet, ablehnend gegenüber – sie sind enttäuscht, weil sich niemand ihrer Sorgen und Nöte annahm; aber Kinder, Jugendliche und junge Eltern sind nun plötzlich offen für das Evangelium. Auch wenn die Kirchen leer und leerer geworden sind: Eine kleine Schar Christen hielt die Hoffnung durch, vorbildlich haben sie in großer Geduld auf bessere Zeiten gewartet, sind dem Evangelium treu geblieben. Nun stellen sie sich den Herausforderungen einer neuen Zeit und versuchen, die Gemeinde aufzubauen: Beharrlich, ohne großes Aufsehen, aber offen(siv) dem Staat gegenüber nehmen sie ihren Auftrag ernst.
Bei einem Besuch traf ich biblische »Säulen der Gemeinde« (Gal 2,9); als Geschenk erhielt unsere Nürnberger Gemeinde eine weiß bestickte Decke für den Abendmahlstisch. »Aller Augen warten auf dich« (Ps 145,15) – Gott gibt Speise und Hoffnung zur rechten Zeit. Und er führt Hoffnungen zusammen. Im Gespräch mit den ungarischen Schwestern und Brüdern wird deutlich, was uns im Tiefsten verbindet: Das Warten auf den kommenden Herrn.
3. Seit fast zwei Jahren gibt es in der Nürnberger Innenstadt einen »Arbeitskreis Asyl«, der von den sieben verschiedenen Kirchengemeinden getragen wird. 25 aktive Mitglieder zählt die ökumenische Gruppe, viele Institutionen und Einzelpersonen geben materielle wie finanzielle Rückendeckung. In einem »Café International« treffen sich Flüchtlinge und Nürnberger; für Kinder ist regelmäßig die »Spielstube« geöffnet; die Jugendlichen werden bei ihren Hausaufgaben betreut; auch Deutschkurse werden angeboten; 15 bosnische Flüchtlinge nehmen derzeit daran teil. Studientage helfen den Mitarbeitern, sich mit der Asylproblematik auseinanderzusetzen, für ihr Engagement zu werben und Sensibilität in der Bevölkerung zu wecken. Hier haben Menschen Not gesehen und Erwartungen gespürt – und gestalten ihr Christsein ökumenisch (vgl. 1 Petr 3,15). Mit großer Geduld setzen sie die kleinen Schritte zum Verstehen und zur Gemeinschaft mit Fremden. In ihrem Engagement sind sie Vorbild für viele. Ein Beispiel des »aktiven Wartens«, auch wenn das Wort »Christus« kaum in der Arbeit fällt ...

Von diesen 3 aktuellen Beispielen ausgehend, soll es in der Predigt – basierend auf der vorgelegten Exegese von Michael Hoffmann – um das *»aktive Warten«* gehen. Folgende Intentionen werden verfolgt:
1. Gott selber schenkt bis heute seiner Gemeinde die Geduld und Kraft zum Glauben, Lieben und Hoffen.
2. Gott läßt sein Evangelium durch Vorbilder weitertragen – damit Menschen sich von den Götzen ihrer Zeit wegbekehren und den Gott Israels als lebendigen und wahren Gott anbeten, ehren und ihm allein dienen.
3. Gott wird seinen Sohn vom Himmel senden – und seine Gemeinde ist dem kommenden Gericht bereits entrissen. Darum kann sie fröhlich und gelassen der Zukunft in tätiger Hoffnung entgegensehen.

Vorschläge zur Liturgie

Eingangsspruch
Psalm 130,6+7

Lesungen
Jesaja 35,1–10; Psalm 100

Lieder
189,1+2 Lobt Gott, den Herrn, ihr Heiden all; 123,1–4 Wir warten dein, o Gottes Sohn; 14,1+4+5 Die Nacht ist vorgedrungen; 622,1–3 Ich lobe meinen Gott, der aus der Tiefe mich holt (Silberpfeil)

Schlußgebet
Herr unser Gott, Vater im Himmel, wir danken für den Trost, den du uns durch dein Wort gibst. Hilf, daß dein Wort nun Früchte trägt in unseren Köpfen und Herzen. Hab Dank, daß für uns alle gesorgt ist in deinem Reich; daß du einst das letzte Wort behältst über uns und diese Welt.
Herr Jesus Christus, hilf, daß wir deine Spuren heute erkennen und dir folgen zu deinen geringsten Schwestern und Brüdern.
Hab Dank, daß wir um deinetwillen dem Gericht Gottes entrissen sind und wir nun fröhlich und gelassen unsere Straße ziehen können. Hilf, daß wir durch unsere Art zu leben, zu denken, zu handeln dich und deine Liebe bezeugen; daß wir Zeichen deiner guten Zukunft erkennen und setzen, indem wir menschlich, barmherzig umgehen mit uns selbst und mit anderen. Wir freuen uns auf den Tag, an dem du die unerlöste Welt umfassen und heilen wirst; an dem du den neuen Himmel und die neue Erde ausrollst; an dem du die Tränen trocknest und endlich der Shalom Gottes die ganze Kreatur ergreifen wird.
Dann wird Gott König sein über die ganze Welt und sein Name einzig.
Herr, Heiliger Geist, gib uns die Kraft, auszuhalten bis auf jenen Tag. Hilf uns, bei unserem Herrn zu bleiben, indem wir seiner Gemeinde die Treue halten.
Dein Reich, allmächtiger Gott, komme bald. Amen.

Vorschläge zur Predigt

Möglicher Predigtanfang
Das muß eine großartige Gemeinde gewesen sein, da in Thessalonich: »Beneidenswert! Vorbildlich!«, möchte man rufen. Da scheint ja alles von vorn bis hinten zu stimmen: Der Glaube trägt, die Liebe ist aktiv, die Hoffnung unerschütterlich. Der Heilige Geist ist am Werke, die Götzen werden entlarvt, dem lebendigen Gott kommt alle Ehre zu, und nicht zuletzt wird sein Sohn sehnsüchtig vom Himmel her erwartet … Was will man noch mehr, liebe Gemeinde?
Wir tun uns schwer mit dem Warten. Und bei uns verblassen die Vorbilder schnell. Wenn ich mich unter uns umhöre, stoße ich auf ganz anderes: Der Glaube flackert wie ein irres Licht; die Liebe droht immer wieder zu erkalten;

der Hoffnung fehlt es am langen Atem. Stöhnen liegt uns näher als Danken; Sorgenfalten stellen sich schneller ein als unbeschwertes Lachen. Vielleicht erwarten wir auch zuviel von uns, vor allem von unserem eigenen Engagement. Ein Paulus rechnet in erster Linie damit, daß Gott etwas tut. Wir sind sehr auf uns fixiert, auf das, was wir schaffen und erreichen. Und übersehen dann leicht, daß es auch in unserer Gemeinde mehr an Glauben, Hoffen und Lieben gibt, als wir bemerken können. Zu schnell stimmen wir mit ein in die Klagelieder über den verwahrlosten Zustand der Kirche und nehmen nicht wahr, was Gott an Gutem wirkt. Vielleicht tut er ja viel mehr, als wir erkennen (können) und vieles anders, als wir es wünschen. Aus manchem Grund liegt uns das Stöhnen näher als das Danken. Liegt es auch daran, daß wir nicht mehr auf den wiederkommenden Herrn warten? Oft bringen wir nur noch unsere Fragen zusammen. Es scheint, als wären wir Christen auf dem Rückzug; wir kapseln uns ab, verinnerlichen unseren Glauben, erwarten kaum noch Großes für uns und diese Welt. Es ist, als wären wir aus dem Tritt geraten in unseren Gemeinden. Wie wenig geht von uns aus – etwa an geistlicher Erneuerung. Wie schnell überlassen wir die Straßen unserer Stadt den Sekten und Weltuntergangsaposteln!

Weitere Schritte
Wir Christen drohen zu verstummen, je lauter andere Gemeinschaften werden. Wir leiden darunter: Daß wir nicht die großen Wirkungen von damals erleben. Und doch läuft das Wort des Evangeliums bis zu uns, stärkt und tröstet Menschen auch heute noch – im Warten auf den wiederkommenden Herrn. Und sie bezeugen: Der lebendige Gott ist es, der in uns glaubt und hofft und liebt, der uns durchhalten läßt, bis sein Sohn vom Himmel her kommt. –
Merkwürdig, wie häufig wir das bei uns anders erleben. Fast, als müßten wir Christen uns entschuldigen, daß es uns noch gibt. Wie schnell geht uns die geistliche Puste aus, wo es darauf ankäme, Farbe zu bekennen. Uns fehlt es an Überzeugungskraft – und das merken andere, und erwarten dann auch kaum noch etwas von uns. Wieviele Menschen haben sich längst anderswohin orientiert. Da ist Hettstadt nur ein Beispiel. Die Götzen unserer Tage haben großen Zulauf. Manchmal laufen auch wir ihnen nach, wollen zeigen, wie weltoffen, wie modern wir sind – und verraten damit den wiederkommenden Herrn, der keine anderen Götter neben sich duldet. –
Vielleicht hatten es die Christen in Thessalonich leichter, weil ihnen ein Paulus als leuchtendes Beispiel vor Augen stand. Nicht als großer Guru, als Blender, trat er auf, sondern als demütiger Diener des gekreuzigten Jesus. Vielleicht hatten die Thessalonicher es leichter, weil sie wie Paulus in der glühenden Erwartung lebten: Jesus kommt bald – und mit ihm das Ende der Welt. Der Himmel würde sich noch zu ihren Lebzeiten auftun, und der Herr würde sie bei der Hand nehmen; er, der sie längst dem kommenden Gericht Gottes entrissen hatte … Diese Intensität, diese glühende Erwartung können wir uns nur schwerlich vorstellen. –

Ich brauche nicht auszuführen, daß unser Warten, wenn es denn noch Warten im biblischen Sinn ist, anders aussieht als damals. Aber zwei grundsätzliche Fragen sind damit nicht verstummt. Einmal: Was können wir erwarten? Und zum andern: Gibt es Vorbilder, an denen wir unser Warten ausrichten können?
Ich denke, es gibt Christen auch unter uns, die uns Orientierung geben, die Jesus folgen. Denn er hat Spuren gelegt mit seinem Leben, Leiden und Sterben. Und seit Ostern gibt es Hoffnung selbst an Gräbern; und der Heilige Geist sammelt immer noch die Gemeinde, um sie auszurichten auf den wiederkommenden Herrn. Wer sich auf Spurensuche begibt, wird vielleicht nicht den Wundern von damals begegnen – aber erahnen, woher die Kraft kommt, im »Wartestand der Hoffnung« (Schalom Ben-Chorin) auszuhalten. Fällt uns das Warten so schwer, weil wir die Spuren Jesu verloren haben; suchen wir vielleicht an falschen Stellen, bei Gurus, Sekten oder Götzen unserer Zeit? Fühlen wir uns womöglich deswegen hilflos und ohnmächtig, weil wir aus der Spur geraten sind – indem wir uns blenden ließen von etwas oder jemand anderem? –
Die Thessalonicher haben hinter Paulus stets das Beispiel Jesu Christi gesehen. Jesus war es, auf den sie schauten, auf den Anfänger und Vollender ihres Glaubens. Und der hat sie auch zu Vorbildern für andere gemacht. Wie eine Stadt auf dem Berge waren sie, die Thessalonicher. In Wartestellung. Vorbilder im Warten.
»Vorbilder« in der Bibel sind übrigens niemals Helden; sie sind »Typen«. »Typos« ist das griechische Wort für Vorbild. Typ sein heißt: Unverwechselbar ich selbst sein. Keine Kopie, kein Abziehbild; sondern in ganz bestimmter Weise geprägt. Dadurch präge ich freilich auch andere. Gebe ihnen Anlaß, nun ihrerseits sie selbst zu werden. Vorbilder der Bibel reizen sommit nicht zum »Anhimmeln«, sondern zum eigenen Erwachsenwerden im Glauben. Und so waren die Thessalonicher nun doch ganz gewöhnliche Menschen, vom Geist ergriffen, in den »Wartestand der Hoffnung« versetzt – Menschen in den Fußstapfen Jesu. –
Es wird auch über uns Christen noch offen gesprochen – manchmal ungeniert, kritisch. Immer noch wird mit uns gerechnet. Und ich höre die dringende Anfrage, ob wir noch nüchtern und wach sind im »aktiven Warten«: Auch Ihr Christen wißt, daß der Tag kommen wird, an dem Eure Kinder und Enkel Euch zur Rechenschaft ziehen werden. Sie werden Euch dasselbe sagen, was Ihr heute zu Euren Vätern und Großvätern sagt, die im Dritten Reich von nichts gewußt, nichts gesehen und nichts gehört haben wollen. Eure Kinder und Enkel werden Euch fragen: »Wie konntet Ihr sagen: Friede, Friede, es hat keine Gefahr?! Wie konntet Ihr die Hände in den Schoß legen und Euch aus der notwendigen Verantwortung stehlen? Wie konntet Ihr nur auf die Gurus und Götzen Eurer Zeit hereinfallen? Ihr habt offenbar seelenruhig schlafen können auf dem selbstgefertigten Pulverfaß. Wir sind die Opfer Eurer Beschwichtigungen und Verharmlosungen.

Erinnert Ihr Euch noch daran, daß in der Bibel vom Wachen und Warten die Rede ist? Wo können wir die Zeichen Eures Wartens erkennen?« – Entscheidend für die Christen damals war: Er kommt. Daran war alles zu messen und auszurichten. Diese geheime Mitte bestimmte ihr Denken und Handeln und Fühlen. Auch ihr Beten. Von dieser Mitte ging ihre Kraft aus. – Wenn die Mitte stimmt, wirkt sie bis an die Ränder. Wenn bei uns das aktive Warten, das Beten und Tun des Gerechten, im Mittelpunkt steht, werden wir durchhalten als Christen, auch wenn die Vorbilder vielleicht nicht so zahlreich und attraktiv auftreten wie damals in Thessalonich. –

Möglicher Schluß

Warten aber sollen wir nur auf den Einen. Und das bedeutet: Uns abwenden von allem, woran wir unser Herz hängen und damit verlieren könnten. Mächtige Leute etwa, deren Gunst wir uns erkaufen wollen; die Karriere, für die wir alles geben; die Ehre, die uns niemand beschneiden soll; der Wohlstand und das Glück und die Gesundheit und die Naturkräfte und die Gestirne – all das kann zum Götzen werden, von denen wir im wahrsten Sinne »absehen« lernen müssen – damit unser Herz nur für den wahren und lebendigen Gott schlägt: »Der Herr Zebaoth, und ist kein andrer Gott«.
Auch in unserer Gemeinde feiern wir allein diesen Gott, dem die Zukunft gehört. Auch in unserer Gemeinde leben Menschen, die darin Typen, Vorbilder sind, daß sie geduldig warten und im Glauben ausgerichtet leben auf das Kommende. Vielleicht reden wir zu viel von dem, was kommt, und zu wenig von dem, der kommt.
Gott schenke uns das Zutrauen zu dem, der da kommt im Namen des Herrn. Amen.

15. Sonntag nach Trinitatis

Predigttext: Galater 5,25.26; 6,1–3,7–10

Michael Popke

Theologisch-homiletische Skizze

Unsere Perikope beschäftigt sich mit Anspruch und Wirklichkeit christlichen Glaubens und Lebens. Sie eignet sich hervorragend dazu, der christlichen Gemeinde die Leviten zu lesen. Ganz sicher sollte dies mit Bedacht geschehen, und es sollte an Selbstkritik des Predigers/der Predigerin nicht fehlen.

Wenn sich jemand auf den Geist Jesu beruft und versucht in ihm zu leben, dann muß das Konsequenzen haben. Nichts anderes will der Apostel Paulus den Galatern damals und uns heute sagen. Er fragt nicht nur nach den ethischen Grundsätzen, sondern auch nach dem ethischen Verhalten. Paulus stellt die Galater und uns vor die entscheidende Frage: Wollt ihr im Geist, in der Thora Jesu, dem Geist, der Leben und Beziehungsfähigkeit ermöglicht, leben oder im Geist des »Fleisches«, der tötet, beziehungsunfähig macht und dem Egoismus verpflichtet ist?

Der Galaterbrief ist von aktueller Polemik bestimmt: In Galatien wird die paulinische Lehre von der Freiheit vom Gesetz bestritten. Er steht deshalb im Dienst der Argumentation für das paulinische Rechtfertigungsverständnis (Rechtfertigung allein durch den Glauben).

Umstritten ist, an welche Empfänger Paulus sich wendet, ob es sich um eine reine heidenchristliche Gemeinde handelt oder ob es unter ihnen auch Judenchristen gibt. Offensichtlich richtet sich der Brief im ersten Teil an die, die mit dem Ruf zur Beschneidung und zum Gesetz die Existenz des Christen sichern wollen: durch den Geist und nicht durch das Gesetz sind wir zur Freiheit berufen. Ab Gal 5,13 weist Paulus darauf hin, daß die Freiheit auch dadurch verlorengehen kann, indem sie zu einem Vorwand für das »Fleisch«, den Widersacher des Geistes, wird. In beiden Fällen geht der Geist, die Thora Jesu wieder verloren. Paulus wendet sich nicht nur gegen die konkrete jüdische Ethik, sondern gegen die jüdische Heilslehre. Die alte Thora der toten Paragraphen ist in Christus durch die neue Thora der Liebe ersetzt. Daß der Messias das Verhältnis Israels zur Thora modifizieren wird, ist allgemeiner jüdischer Lehrsatz. Der Messias wird nach jüdischem Verständnis die Thora neu auslegen und befestigen. Geht man davon aus, daß Paulus sich mehrheitlich an Nichtjuden wendet, dann handelt es sich bei dem Galaterbrief um ein katechismusartiges Lehrstück zur Unterweisung der Proselyten, das dem sog. Heiligkeitsgesetz in Lev 17–27 entnommen ist. Es sind Worte, die verbindlichen Charakter haben und mit denen sich ein Zusammenleben in der Gemeinschaft gestalten läßt. Gal 5,19.20 erinnert sehr stark an Lev 17–27. Hurerei, Götzendienst, Feindschaft, Eifersucht, Parteiungen und Gelage sind nach Paulus »Werke des Fleisches«, die den Menschen total fesseln und die menschliches Leben und Zusammenleben unmöglich machen. Der Negativkatalog fußt auf dem Heiligkeitsgesetz: »Ihr sollt heilig werden, denn heilig bin ich euer Gott« (Lev 19,2).

Handelt es sich bei dem Galaterbrief um einen Katechismus, so muß gefragt werden, wie die neu interpretierte Thora eingeübt werden kann. Nach Paulus geht es dabei nicht um »Werke«, sondern um die »Frucht des Geistes«, die deutlich wird in Liebe, Freude und Frieden (Gal 5,22). Wir, das sind die Juden und Nichtjuden, leben durch den Geist der modifizierten Thora: Wir provozieren einander nicht und neiden einander nichts. Es geht also nicht um ein Gegeneinander, sondern um gegenseitige Anerkennung. Hier stellt sich die Frage, ob die messianische Freiheit sich in der messianischen Praxis bewährt. Gehen wir davon aus, daß der Galaterbrief auf einer Diskussion fußt, die für das Zusammenleben von Juden und Nichtjuden als Orientierung gelten soll, so wendet sich Paulus in Gal 61ff. an die Mitjuden. Paulus greift dabei auf Sätze und Aussprüche von Weisen hin, die später im Mischnahtraktat Aboth gesammelt wurden (Aboth VI,6).

Welche Scherpunkte sollen für die Predigt gesetzt werden?
1. »Wenn wir aus dem Geist leben, dann wollen wir auch dem Geist folgen« (Gal 5,25). Die Predigt könnte sich hier mit Anspruch und Wirklichkeit der christlichen Gemeinde beschäftigen. Dabei geht es um das Verhalten des einzelnen in der Gemeinschaft wie auch um das Verhalten der Gemeinde gegenüber der Gesellschaft. Leitmotiv könnte die Verantwortung der Christen füreinander und für die Welt sein. Dazu gehört das Lasten tragen des anderen ebenso wie die Verhinderung des Ausschlusses einzelner oder Gruppen aus der christlichen bzw. menschlichen Gemeinschaft. Beispiele aus der Gemeinde, aus der Gesellschaft oder aus der Weltgemeinschaft (Industrieländer/Dritte Welt, Ost/West) könnten hier konkretisierend wirken.
2. Wer eine Verfehlung begeht, dem soll wieder zurechtgeholfen werden (Gal 6,1). Das Stichwort »Resozialisierung« drängt sich hier förmlich auf. Wie gehen wir mit Menschen um, die sich für einen anderen als den unseren Lebensweg entschieden haben? Wie gehen wir mit Menschen um, die verschuldet oder unverschuldet am Rande der Gesellschaft leben? Wie gehen wir mit Menschen um, die straffällig geworden sind? Sind wir die mit der weißen Weste und brauchen wir Menschen, denen wir Schuld zuweisen können? Wer diesen Teil des Gelaterbriefs zum Schwerpunkt seiner Predigt macht, könnte sie unter das Thema stellen: Schuld und Vergebung.
3. Was ein Mensch sät, das wird er ernten (Gal 6,7).
Gott läßt sich nicht zum Gespött machen. Das geschieht dort, wo man vorgibt im Geist zu leben, ohne daß sich dies konkret auswirkt. Wer vorgibt im Geist zu leben und sich dabei für etwas besseres hält oder dies gar zur eigenen Machtentfaltung benutzt, der spottet Gott und lebt in Wahrheit nicht im Geist. Die Aufforderung »Gutes zu tun« (Vers 9) könnte thematisiert werden. Tun wir nicht oft etwas Gutes, um uns selbst dadurch einen Vorteil oder ein gutes Gewissen zu verschaffen? Wie sieht es mit unseren diakonischen Einrichtungen aus? Dienen sie nicht eher kirchlicher Machtentfaltung als den Betroffenen?
Wer Gal 6,7–10 zum Schwerpunkt seiner Predigt macht, könnte sie unter das Thema »Diakonie« stellen.
4. Wer Gal 6,2 »Einer trage des anderen Last« zum Schwerpunkt seiner Predigt wählt, der könnte sie unter das Thema: »Solidarität« stellen. Fühlen wir uns für andere Menschen in unserer Gemeinde, in unserer Gesellschaft und in anderen Teilen der Welt verantwortlich oder ist unser Leben von Egoismus und eigenem Wohlsein geprägt? Stichworte wie Arbeitslosigkeit, Obdachlosigkeit, Fremdenfeindlichkeit, Isolierung von Menschen durch Krankheit, Einsamkeit, Straffälligkeit könnten hier aufgenommen werden.

Vorschläge zur Liturgie

Lesungen
Joh 8,1–11; Matth 25,42–44; Matth 5,3–10; 1 Kor 12,4–26; Lev 17,1–26,46 insbes. Lev 19 (zur Auswahl).

Psalmen
127,1–2; 86; 32 (s. Anlage)

Kyrie
Wir sind schwach im Nehmen und hart im Geben.
Hart teilen wir aus; hart schlagen wir zu.
Von Jesus können wir lernen, einzustecken,
ohne schlapp zu sein.
Gott, ändere unseren Geist.
Unseren eigenen Dreck vergessen wir schnell und
sind großzügig, uns zu vergeben,
aber hart und nachtragend sind wir bei anderen.
Unsere eigene Pelle geht uns über alles.
Gott, ändere unseren Geist.
Wir sind großzügig im Absahnen, geil im Nehmen,
aber kleinkariert und geizig im Geben.
Gott, ändere unseren Geist.
Wir machen uns breiter und größer, als wir sind.
Hier bleiben viele auf der Strecke,
weil alle Spitze sein wollen.
Gott, ändere unseren Geist.
Wir denken nach.
Wir besinnen uns auf uns selbst:
Wir haben zuviel Angst.
Wir glauben nicht an die Liebe.
Zärtlichkeit ist uns verdächtig.
Gott, ändere unseren Geist.
Wir denken nach. Wir besinnen uns auf uns selbst:
Wir haben abgezogen und ausgebeutet wie die anderen,
weil wir Ich-Mensch-Sein mit Mensch-Sein verwechselt haben.
Gott, ändere unseren Geist –
hier an diesem geistlosen Ort. Amen.
(aus: W. Burgstaller, H. J. Immekus: »Gott im Gefängnis«, R. Padligur Verlag 1988)

Fürbitten
Unser Gott, jeder Mensch hat im Verlauf seines Lebens Lasten zu tragen. Sie sind verschiedener Qualität und unterschiedlich schwer. Wichtig ist, daß wir sie nicht nur an uns wahrnehmen, sondern auch bei anderen.

Wir wollen heute an die denken, die besonderen Belastungen ausgesetzt sind:
an Menschen, deren Beziehungen gestört oder zerbrochen sind,
an Familien, die im Streit leben oder auseinandergebrochen sind,
an Menschen, die arbeitslos und ohne Perspektive sind,
an Menschen, die Zuflucht in unserem Land suchen und nicht willkommengeheißen werden,
an Menschen, die straffällig geworden sind und vielleicht eine lebenslange Freiheitsstrafe zu verbüßen haben,
an Menschen, die krank sind und vielleicht nur noch kurze Zeit zu leben haben,
an Menschen, die einsam sind und sich nach Zuwendung sehnen,
an Menschen, die unter Gewalt, Folter und Krieg leiden,
an Menschen, die weltweit verhungern,
an Menschen, die kein Dach über dem Kopf haben,
an Menschen, die politische, wirtschaftiche, gesellschaftliche und religiöse Verantwortung tragen.
Unser Gott, wir bedenken die Lasten, die wir selbst zu tragen haben und die derer, die wir kennen.
In aller Stille wollen wir diese Lasten vor dich bringen und dich bitten, sie tragfähig zu machen.

Vorschläge zur Predigt

Möglicher Predigtanfang
(An Anfang des Gottesdienstes werden Wäscheklammern verteilt.)
Zu Beginn des Gottesdienstes haben Sie alle eine Wäscheklammer erhalten und einige von Ihnen waren ganz sicher irritiert. Diese Wäscheklammer besteht aus zwei Plastikteilen, die durch eine Stahlfeder zusammengehalten werden. Wenn die Feder in der Mitte fehlt, sind die beiden Hälften wertlos, weil sie das Wäschestück oder mehrere Blätter nicht halten können.
Eine Freundschaft ist mehr als die Summe zweier oder mehrerer Personen. Eine Familie ist mehr als die Summe von Kindern, Eltern und Großeltern. Eine Fußballmannschaft ist mehr als die Summe von 11 Spielern. Eine Klasse ist mehr als die Summe ihrer SchülerInnen. Eine Gemeinde ist mehr als die Summe ihrer Mitglieder. Auch wir sind heute morgen mehr als die Summe von Gottesdienstbesuchern. Die Klammer, die uns miteinander verbindet, ist der Glaube an Jesus Christus und die Wirkung seines Geistes. Wenn es ihn nicht gäbe, wären wir jetzt nicht zusammen. Wir feiern nachher das Abendmahl. Dies ist nicht nur ein Gedächtnismahl, sondern soll uns deutlich machen, daß wir mit Christus und untereinander verbunden sind. Der Geist Jesu ist es, der uns miteinander verbindet. Stimmt das

wirklich oder handelt es sich dabei um einen uneingelösten Scheck? Der Apostel Paulus sagt uns in seinem Brief an die Galater: »Wenn wir aus dem und im Geist Jesu leben, dann wollen wir dem Geist auch folgen«. Wir wollen heute morgen, jeder für sich und wir als Gemeinde überprüfen, ob wir tatsächlich bereit sind, Schwierigkeiten, Kummer und Sorgen gemeinsam zu tragen, Menschen mit ihren Eigenarten, Schwächen, Launen und Fehlern zu ertragen? »Einer trage des anderen Last«, schreibt der Apostel Paulus, »dann werdet ihr das Gesetz Christi erfüllen.« Wenn hier vom Gesetz die Rede ist, dann hat das nichts mit Gesetzlichkeit im Sinne unserer Gesetzbücher zu tun. Das Gesetz Christi beschreibt eine Lebensform, die geprägt ist von Liebe, Gerechtigkeit, Frieden, Geduld und Vergebung. Die eigentliche Bewährungsprobe unseres Glaubens geschieht danach hautnah, im täglichen Miteinander, auch mit denen, die wir uns nicht aussuchen und die uns fremd sind.
Dort wo sich die Dinge und die Menschen oft hart im Raum stoßen, dort gilt es die Lasten anderer, ihre Schwächen und Fehler zu tragen. Tragen bedeutet hier mehr als nur »ertragen«, es bedeutet vielmehr den anderen mit seinen Beschwernissen in Geduld und verständigungsvoller Liebe verbunden zu sein. »Tragen« ist also ein aktives Bemühen, den anderen in seiner Situation und mit seiner Geschichte zu verstehen. Das ist nicht immer einfach, angenehm und problemlos.
Zu gerne halten wir uns für etwas Besseres, sehen auf andere herab. Wir leben alle davon, etwas zu gelten und sind auf unseren guten Ruf bedacht. Wie schnell sind wir dabei, uns über den Fehltritt eines anderen moralisch zu erheben. Erhebe ich mich gegenüber anderen, dann gehe ich dabei auf Abstand zu ihm oder ihr und damit wird das Tragen ihrer Lasten verunmöglicht.
Was der andere, der schuldig geworden ist, braucht, ist meine Zuwendung und Solidarität. Die Devise: ›Du bist selbst schuld‹ läßt Paulus nicht gelten. Er fragt eher nach unserer Mitschuld am Fehlverhalten und an den Problemen anderer. An dieser Stelle verlangt uns der Apostel Selbstkritik ab. Jeder von uns ist gefährdet, schuldig zu werden. Wenn wir bisher weitgehend verschont geblieben sind, dann ist dies auch nicht immer unser Verdienst, sondern mögicherweise die Folge einer besseren Erziehung, eines stärkeren Charakters oder auch nur die Rücksicht auf unseren guten Ruf, den wir nicht aufs Spiel setzen wollen. Jesus hat all unsere Schuld auf sich geladen, sollten wir einander nicht vergeben können? So wie das Metallstück die Klammerhälften zusammenhält, so möchte auch der Geist Jesu uns zusammenhalten, daß wir füreinander einstehen, unsere Sorgen und Probleme miteinander teilen und unsere Lasten einander tragen helfen. Wenn wir dies in unserer Gemeinde ansatzweise versuchen, dann kann dies Signalwirkung haben für ein solidarisches Zusammenleben in unserem Land und weltweit. Solidarisches Verhalten heißt sich verantwortlich fühlen für Menschen, die arbeitslos, drogenabhängig und straffällig geworden sind, für Menschen, die einsam und krank sind, für Menschen, denen Aus-

länderhaß entgegenschlägt, für Menschen, die hungern, gefoltert werden und in kriegerische Auseinandersetzungen verwickelt sind. Wir alle können zu denen gehören, die eines Tages selbst betroffen sind und Lasten zu tragen haben. Wären wir nicht dankbar und froh, wenn uns in einer solchen Situation Menschen zur Seite stehen und uns nicht fallen lassen?

Weiterer Verlauf

Ganz gleich, welcher Einstieg gewählt wird, es gilt aufzuzeigen, wo wir uns nicht der Thora Jesu entsprechend verhalten, wo wir Außenseitern unserer Gemeinde oder unserer Gesellschaft keine Resozialisierungschancen einräumen, wo wir nicht bereit sind, einander unsere Lasten tragen zu helfen oder wo wir Gutes tun, um uns einen eigenen Vorteil zu verschaffen. Wie gut bin ich doch heute wieder gewesen! Beispiele aus der Gemeinde, aus dem Zusammenwachsen von Ost und West in Deutschland und Europa, aus dem Gefälle zwischen reichen und armen Ländern sollten hier aufgezeigt werden.

Nennen wir konkrete Beispiele, dann werden wir möglicherweise in Resignation verfallen. Deshalb sollten auch positive und gelungene Beispiele benannt werden. Vielleicht das einer Frau, die gerade ihren Partner verloren und Zuwendung aus der Gemeinde erfahren hat. Vielleicht das eines Asylbewerbers, der willkommengeheißen wurde und Unterstützung erfahren hat. Vielleicht das eines schwierigen Jugendlichen, der Aufnahme im Jugendclub der Gemeinde gefunden hat.

Die kleinen Schritte und Zeichen sind es, die etwas von dem deutlich machen, was der Apostel Paulus den Galatern mit auf den Weg gegeben hat. Wir sollen nicht unter der Last der Forderungen des Apostels zusammenbrechen, aber wir sollen uns ernsthaft prüfen, ob wir ein Interesse an anderen Menschen haben, auch wenn sie sich in einer anderen Lebenssituation befinden als wir. Nur wenn ich Menschen mag, bin ich auch fähig, ihre Lasten mittragen zu helfen.

Möglicher Schluß

Wenn wir nicht bereit sind, innerhalb der Gemeinde Menschen wahrzunehmen, die auf unsere Unterstützung und Hilfe angewiesen sind, dann wird es auch in unserer Gesellschaft und weltweit nicht geschehen. Vielleicht wirkt dies arrogant, dennoch kann das ethische Verhalten unter Christen Signalwirkung haben für das Zusammenleben in unserer Gesellschaft und auf unserer, d.h. Gottes Welt. Liebe, Frieden, Gerechtigkeit sind die Ziele, die es nach christlichen Grundsätzen zu verwirklichen gilt und natürlich auch die Vergebung des Verhaltens derer, die die Thora Jesu verletzt haben. Ich wünsche uns allen, daß wir nicht nur an den Geist Jesu glauben, sondern uns auch ihm entsprechend verhalten, die Lasten unserer Mitmenschen mittragen helfen und uns bemühen, Gutes zu tun – die Zeit ist kurz. Laßt uns dem Geist Jesu folgen und uns einander annehmen, wie er uns angenommen hat.

16. Sonntag nach Trinitatis

Predigttext: Apostelgeschichte 12,1–11(17)

Reiner Jansen

Theologisch-homiletische Skizze

Eine spannende Geschichte, anschaulich erzählt mit vielen Details und einer unwahrscheinlichen Dramatik! In der Predigtvorbereitungsgruppe unserer Gemeinde war sie kaum bekannt. Ohne Perikopenordnung wäre auch ich nicht auf die Idee gekommen, darüber zu predigen.

Aber soll ich über eine frühchristliche »Legende« predigen und Hoffnung auf ein Wunder machen in einer Zeit, wo alles zu stagnieren scheint, wo zunehmende Arbeitslosigkeit, Fremdenfeindlichkeit und ethnische Konflikte sich lähmend auf das Bewußtsein vieler Menschen auswirken?

Das ganze Kapitel 12 ist eine literarische Einheit. Besonders Verse 12–17 gehören (gelesen oder erzählt) unbedingt noch zu Verse 1–11. Die Verse 18–24 (das Ende des Herodes Agrippa und das weitere Sich-Ausbreiten des Wortes Gottes) müssen nicht unbedingt vorgelesen, sie können kurz erwähnt werden.

Das Ziel der Darstelung (nach der Exegese von Friedrich G. Lang IV/4): die Befreiung des Petrus aus dem Gefängnis, wird gedeutet auf dem Hintergrund der Heilsgeschichte Israels. In unserer Predigtvorbereitungsgruppe konzentrierte sich das Gespräch sehr bald auf persönliche Erfahrungen des Gefesselt- und Eingesperrtseins und die unerwartete Befreiung. Die Situation des Petrus im Gefängnis wurde dabei zur Metapher individueller Erfahrungen. Ich habe das als einen Schwerpunkt meines Predigtentwurfes übernommen. Ich denke, daß viele Hörer/innen über solche Erfahrungen verfügen (»Gefängnis«, »Angebundensein«, »Gefesseltsein« etc.).

Neben dieser persönlich-existentiellen Dimension des Textes soll aber auch die ekklesiologische zur Sprache kommen. Petrus steht hier (zusammen mit der betenden Gemeinde und dem Märtyrer Jakobus) für die Kirche. (Manfred Josuttis interpretiert eine ganze Reihe von neutestamentlichen Petrus-Texten, um die Kirche zu animieren, sich wieder auf ihre spezifische Macht zu besinnen, vgl.: Petrus, die Kirche und die verdammte Macht, 1993.) So geht es also nicht nur um das Schicksal eines einzelnen Menschen, sondern um die Zukunft der bedrohten Kirche. Von da aus ergeben sich – assoziativ – eine ganze Reihe von Fragen:

– Auch wenn die »Säulen« (Jakobus und Petrus) ausfallen, geht es weiter mit der Kirche. Wie geht es weiter mit unerer Kirche (unseren Kirchen), auch dort, wo sie nicht durch äußere Machthaber bedroht ist? Ist unsere Kirche Gemeinde, die für die Bedrohten betet – oder ist sie gefesselt im Gefängnis (wie Petrus) – oder beides?

– Sowohl die Gemeinde als auch Petrus scheinen nicht (mehr) mit dem Wunder der Befreiung zu rechnen. Glauben wir (als Kirche) noch an die befreiende Kraft Gottes?

– Petrus wußte nicht, ob er träumt oder ob er wirklich durch einen Engel befreit wurde (Vers 9). Er mußte erst wieder zu sich kommen (Vers 11). Wann, wo, wie findet unsere Kirche wieder zu sich?

Ich möchte deutlich machen, daß die Kirche manchmal durch Krisen und Erschütterungen hindurchgeht, ohne dabei einen deus ex machina zu predigen, der auf jeden Fall und immer rettend eingreift.
Ist es noch nötig, zu betonen, daß der latende Antijudaismus in Vers 3 (»und als er sah, daß es den Juden gefiel«) bei den Hörern Antisemitismus wecken oder fördern könnte? Dem kann man so begegnen, daß vor jedem Lesen des Bibeltextes kurz die historische Situation geschildert wird. Es geht zunächst um einen innerjüdischen Konflikt.

Vorschläge zur Liturgie

Lieder
EKG 205 (Lob Gott getrost mit Singen), EKG 250 (Ist Gott für mich, so trete), EKG 106 (Komm, o komm du Geist des Lebens)
Ihr werdet die Kraft des Heiligen Geistes empfangen (Kumbaya. Oekumenisches Jugendgesangbuch: Nr. 174)

Eingangspsalm
Psalm 126 oder

Wenn Freiheit wahr wird,
wenn Zwänge und Terror zerbrechen,
wird es sein, als ob wir träumen.
Dann werden wir lachen und einen Tanz anfangen.
Unsere Geschichte werden wir allen erzählen.
Auch die Skeptiker werden dann staunen und zugeben müssen:
Sie sind frei.
Ja, sie sind frei.
Das verdanken wir Gott.
Wir freuen uns nicht umsonst.
Bring die Unterdrückten ans Licht,
die nichts zu lachen haben;
die Ausgebeuteten, die im Schatten der Erde vergehen.
Frei sollen sie werden wie wir
und mit uns tanzen und lachen.
Die mit Tränen säen, werden sich freuen,
wenn sie ernten.
Sie gehen und weinen,
säen unter Tränen –
ernten und sind voll Freude.
(nach Ps 126; aus: F. K. Barth, G. Grenz, P. Horst, Gottesdienst menschlich, Peter Hammer Verlag, Wuppertal, 1990)

Eingangsgebet
Herr, unser Gott,
Du bist ein Gott der Befreiung.
Befreie uns und unsere Welt
aus aller Unfreiheit und Knechtschaft,
in der einzelne und Völker leben.
Befreie uns, guter Gott,
zu Vertrauen und Liebe,
zu Hoffnung auf Leben
in einer todesdunklen Welt,
damit wir Dein Heil sehen.
(aus: ZPG 3/90, Liturgische Texte 4)

Schlußgebet
Gott,
aus der Kraft deines Geistes leben wir, lebt die ganze Schöpfung.
Du kannst befreien aus Not.
Du kannst unsere Fesseln lösen und Menschen herausführen aus dem Gefängnis.
Wir bitten dich für alle, die in irgendeiner Weise gefangen sind:
für die Kranken und Leidenden,
für die Enttäuschten und Mutlosen, die es nicht mehr wagen, auf eigenen Füßen zu stehen,
für die, die in ihrem Leben keinen Sinn und keine Erfüllung erleben,
für die Menschen, die wegen ihres Glaubens, ihrer Einstellung oder ihrer Nationalität verfolgt und gefoltert werden.
Laß sie alle deine befreiende Kraft erfahren und aus dem Geist der Hoffnung leben.
Wir bitten dich für den Frieden auf der Erde: Befreie uns von dem Wahn, andere ausgrenzen oder vernichten zu müssen. Stärke in uns das Vertrauen, das stärker ist als alle Waffen.
Wir bitten dich für die Christen und die Kirchen bei uns und in aller Welt: Erneuere und belebe sie aus der Kraft deines Geistes. Schenk uns den Mut, einzutreten für mehr Menschlichkeit und Gerechtigkeit.

Vorschläge für die Predigt

Möglicher Predigtanfang
Eine eigenartige Geschichte ist das. Sie wirft manche Fragen auf, z.B. diese: Warum wird Jakobus hingerichtet und Petrus gerettet? Eine Antwort auf *diese* Frage gibt die Bibel nicht, wie sie überhaupt nicht eine plausible Erklärung abgibt zur Frage, warum damals und heute soviel Schreckliches, Böses und Grauenhaftes geschieht in unserer Welt.

Nach menschlicher Logik – nach der Logik der Macht – ist das Schicksal des Petrus ohnehin schon besiegelt. Herodes, der Enkel des großen Herodes, ist nicht weniger brutal als sein Großvater. Wir kennen seine Motive nicht. Aber wir sehen, daß er überzeugt ist: Jetzt ist die Gelegenheit günstig, den unbequemen Anführer der Gemeinde in Jerusalem loszuwerden. Es gibt ja solche Zeiten, wo das Volk Blut sehen will. Wo jedes Opfer willkommen ist, wenn es darum geht, sich von den eigenen Ängsten und Bedrohungen ablenken zu lassen.

Das einzige, was Herodes noch hindert, seinen Willen auszuführen, ist das Passahfest, das Befreiungsfest des jüdischen Volkes. So wird Petrus nun erst einmal ins Gefängnis geworfen und scharf bewacht. Die einzigen, die wenigstens in Gedanken noch bei ihm sind, sind die Mitglieder der Gemeinde. Sie hören nicht auf zu beten ...

Aber *was* sie wohl beten? Ob sie Gott bitten, daß Petrus befreit wird? Oder ob sie beten, *Dein* Wille geschehe? Ob sie dem möglichen Tod des Petrus doch ins Auge schauen?

Und ob sie daran glauben, daß ihr Gebet etwas verändert, eine Tür öffnet?

Immerhin: sie hören nicht auf zu beten. Und sie stellen uns zugleich vor die Frage: ob wir als Gemeinde – und als Einzelne – denken an die Menschen, die gefangen sind. Ob wir nicht aufhören zu beten für die Menschen, die gefährdet sind, die abgeschnitten sind. (Hier besteht die Möglichkeit, auf konkrete Projekte von Amnesty International hinzuweisen, mit denen die Ortsgemeinde besonders verbunden ist.)

Petrus hat keine Möglichkeit sich zu befreien. Die Gemeinde auch nicht. Die Hilfe kommt von außen. Ein Engel ... Er bringt Licht in die Dunkelheit.

Zum weiteren Verlauf

Ich versuche nicht, diese wunderbare Befreiung zu erklären. Petrus versteht ja zunächst selber nicht, was da genau geschieht. Schlaftrunken läßt er alles über sich ergehen ...

Auch die Gemeinde glaubt eher an eine Sinnestäuschung als an die reale Befreiung ihres Anführers. Kennen wir nicht auch solche Botschaften, die zu schön sind, um wahr zu sein?

Ich denke, darin steckt kein Vorwurf, daß die Gemeinde es zuerst einfach nicht glauben will. Vielleicht hatten sie eben noch für Petrus gebetet. Aber daß er nun direkt und leibhaftig erscheint, dieses Wunder hatten sie offensichtlich nicht erwartet. Die Bibel mutet uns ja auch nicht zu, zu glauben, daß wir nur genügend beten müßten, und dann erscheint ein Engel, der alles gut macht, was wir nicht können. Zu viele Menschen sind schon Opfer der Gewalt geworden ...

Petrus braucht selber einige Zeit, bis er merkt, daß er gerettet ist, bis er wieder zu sich kommt. Ein echtes Wunder ist immer noch etwas anderes als das, was wir erwarten können, was in unseren Möglichkeiten des Glaubens

und der Hoffnung steckt. Alle Tage kommt es schließlich nicht vor, daß die brutale Gewalt eines Herodes überwunden wird durch die sanfte Gewalt eines Engels ...
Auch wenn kaum jemand von uns schon angekettet in einem Gefängnis war, kennen wir vielleicht auch solche Situationen, wo wir uns vorkamen wie angekettet: (in einer schwierigen Beziehung, in einem beruflichen Engpaß, in einer Zeit, wo wir Angst hatten um das Leben eines Mitmenschen, während einer Zeit der Verzweiflung, der Depression oder einer schweren Sucht ...)
Wie gut ist es dann zu wissen, daß andere an uns denken oder für uns beten!
Vielleicht haben wir selber erfahren, daß uns jemand hinausgeführt hat: ein Mensch, ein Bote des Himmels ...

Möglicher Schluß
Petrus hat diese Erfahrung gemacht. Er steht hier nicht nur als Einzelperson. Er ist zugleich auch Repräsentant der Kirche.
Die Apostelgeschichte zeigt uns: Die Kirche hat nicht ein für allemal den Geist bekommen und dann lebte sie fröhlich und unbekümmert weiter. Sie geht immer wieder durch Krisen und Bedrohungen hindurch. Wie Petrus kommt sie oft erst dann wieder zu sich selber, wenn sie durch eine solche Bedrohung hindurchgeführt wurde. Und wie Petrus muß sie vielleicht nachher anderswo und anderswie weitermachen. Nach seiner Befreiung verläßt Petrus ja Jerusalem. »Und das Wort Gottes wuchs und breitete sich aus« (Vers 24).
Manchmal kommt es mir so vor, wie wenn unsere Kirche auch heute gefesselt wäre oder gefangen. Viele Christen bemühen sich herauszukommen aus dem Engpaß. Man versucht, dies oder jenes anders zu machen; bemüht sich sogar darum »Marktlücken« zu entdecken und sie geschickt auszufüllen, um die Kirche als Ganzes wieder attraktiver zu machen für viele Menschen. Ich weiß schon: wir müssen auch an die Zukunft denken, daß etwas von der befreienden Kraft des Evangeliums weitergegeben wird an die nächste Generation.
Und doch: Aus dem Gefängnis und aus den Fesseln können wir uns (meistens) nicht selber befreien. Petrus konnte das auch nicht. Und es wäre lächerlich, wenn wir ihm zurufen würden: »Du mußt dich selber befreien. Du mußt es selber schaffen!« – Alle Versuche, sich selbst zu befreien, führen oft nur zu einer Verkrampfung. Wir spüren die Fesseln umso bedrückender.
Oft braucht es einen Anstoß von außen: einen Engel, eine Kraft, die wir nicht voraussehen, nicht planen können. Darum hoffe ich auf die Kraft Gottes, die der Kirche Lebensmut und Zuversicht schenkt; die uns wieder auf die Beine stellt und einen Weg in die Zukunft zeigt. Ich vertraue auf Gottes Geist, der auch unsere Kirche von ihren Fesseln befreien kann, daß sie wieder zu sich selber kommt. Amen.

Kontexte

Seit Wochen hat es nicht mehr geregnet im Norden Tansanias. Die Felder verdorren; die Brunnen versiegen. In dieser Not laden die Ältesten der christlichen Gemeinde zu einem Gottesdienst ein; um Regen soll gebetet werden. Aus allen Himmelsrichtungen kommen die Christen zusammen unter der Akazie in der Mitte des Dorfes. Dort stehen sie und hören die Worte des Pastors. »Brüder und Schwestern«, sagt er, »bevor wir beten, spannt eure Regenschirme auf!« Sie hören's und sehen sich um: Ein Kind steht da, in der Hand einen Schirm – sonst niemand.
(Predigtstudien zum Kirchenjahr 1988, Perikopenreihe IV, 2. Halbband, S. 235)

Was soll die kleine, führerlose Christenschar tun? Johannes der Täufer, Jesus, Jakobus, Stephanus haben ihr offenes Wort mit dem Leben bezahlt. Nimmt man einer Gruppe den Leiter, wird's mit ihr bald aus sein. Die Gemeinde betet inständig für Petrus. Gebete gegen Gefängnismauern, zwei ungleiche Partner. Was wird's dem Gefangenen helfen? Sehr viel. Ein langjährig Eingesperrter, auf die Frage, wie er's durchgehalten habe: »Meine Mutter hat mich nicht aufgegeben.« Der Glaube gibt, gegen Berechnung und Wahrscheinlichkeit, nicht auf. Er steht im Bund mit dem Unmöglichen. Er spekuliert nicht, er räsoniert nicht. Er hofft. Er versetzt Berge. Er öffnet auch ein Gefängnis. Vorher weiß man das nicht. Man muß es darauf ankommen lassen. Für den da drinnen hinter Gittern ist es große Kraft, zu wissen: Die da draußen denken Tag und Nacht an mich. Schon mancher ist, weil keine Seele mehr an ihn dachte, lebendig begraben worden. Wie steht's denn bei uns mit denen, die man, in aller Welt, hinter Gitter sperrt und ohne Prozeß verschwinden läßt, die wegen ihres Glaubens, ihrer Weltanschauung, ihrer politischen Überzeugung Verfolgten? Dürfen sie hoffen, daß man an sie denkt und auch einmal für sie den Mund aufmacht? Oder meinen wir, dafür sei ja Amnesty International da; das genüge? Oder sagen wir (noch schöner): Die sitzen nicht zufällig; das wird schon seinen Grund haben?
(Manfred Mezger, in: Assoziationen zu biblischen Texten, Bd. 4, hrsg. v. W. Jens, 1981, S. 168)

17. Sonntag nach Trinitatis

Predigttext: Jesaja 49,1–6

Heinz-Dieter Knigge

Theologisch-homiletische Skizze

Schon die ringförmige Komposition des zweiten der vier Gottesknechtslieder (Jes 42,1–4; 49,1–6; 50,4–11a; 52,13–53,12) weist auf die inhaltliche Besonderheit dieses prophetischen Selbstberichtes: Es geht um die Einbeziehung der Heiden in den göttlichen Heilsplan und um die Beauftragung des Propheten, »Licht der Völker« zu sein und für sie Gottes Heil zu repräsentieren. Wie das geschehen soll, bleibt völlig offen. »Die (Mittelmeer-)Inseln«, die am Rande der damals bekannten Welt lagen und die »Völker in der Ferne« werden direkt angesprochen (Vers 1): Der Prophet redet über die Köpfe seiner jüdischen Zuhörer hinweg (und wohl auch an ihren Herzen vorbei) in eine unermeßliche Ferne hinein.

Der frühere, auf Israel bezogene Auftrag des Propheten wird damit nicht aufgehoben, sondern in die universale Weite des neuen Auftrags einbezogen.

Grenzen werden überschritten: Jahwe, der im babylonischen Exil als der Gott des Himmels und der Erde entdeckt wird (Gen 1!), beansprucht nicht nur das Volk Israel, sondern die ganze Welt als seine Gemeinde.

Die Anrede an die Völker und die Beauftragung, für sie Licht zu sein, umrahmt die Bekanntgabe der Berufung des Propheten von Mutterleibe an, die Beschreibung seiner Ausstattung mit dem Wort als Waffe und dem Schutz unter Gottes Hand, sowie die Feststellung seiner Einsetzung zum Knecht Gottes. Daran schließt sich die Klage des Propheten über die Erfolglosigkeit seiner Arbeit an, die in den Ausdruck des Vertrauens zu Gott übergeht (Vers 4).

Diesem Textdukus möchte ich in der Predigt homilieartig folgen. Die Bemerkung, daß der Prophet an seiner Aufgabe gescheitert ist, wird vielen Hörern eine spontane Identifikationsmöglichkeit anbieten: Entsprechende eigene Erfahrungen und Sinnfragen können aufgenommen, im Text gespiegelt und seelsorgerlich-theologisch bearbeitet werden.

Die früher heiß diskutierte Frage, wer mit dem »Knecht Gottes« gemeint sei, ist heute für viele Exegeten durch die autobiographische Deutung beantwortet worden. »Israel« in Vers 3 dürfte eine alte Interpolation sein, die auf eine frühe Deutung des »Knechtes Gottes« auf das Volk Israel hinweist. Wenn der Prophet in den drei ersten Gottesknechtsliedern aber von sich selber redet, liegt es nahe, in der Predigt auch über ihn und die geschichtliche Situation seiner Rede zu sprechen, zumal Kenntnisse darüber bei vielen kaum mehr vorhanden sind.

Lukas benutzt unseren Text in Apg 13,47, um die Abkehr von den Juden und die Hinwendung zu den Heiden zu begründen. Ich halte das für eine unheilvolle christliche Instrumentalisierung eines jüdischen Textes!

Ich möchte mit Jes 49,1–6 keine christliche Heidenmission begründen, schon gar nicht in polemischer Abgrenzung gegen die Juden! Vielmehr zeigt mir unser Predigttext, daß ich selber »ein Missionierter« bin: einer, der als Nichtjude heimgeholt wurde zu dem Gott des Propheten, der auch der Gott Jesu ist. Ich bin dankbar dafür,

daß ich diesen jüdischen Text als Christ mitlesen kann, so wie ich jener heidnischen Frau aus unserem Lesungstext (Matth 15,21–28; s.u.) danke, die Jesus von der anderen Seite der Grenze her zu der Erkenntnis und Weite führte, die schon unseren alttestamentlichen Predigttext bestimmen.
Früher wurde unsere Perikope dem 3. Sonntag nach Epiphanias (Lichtmetapher/ Heidenmission!), dem Sonntag Reminiszere oder dem Johannistag zugeordnet. Jetzt besteht eine (zufällige?) zeitliche Nähe zur »Woche der ausländischen Mitbürger«, die eine Fülle notwendiger, wenn auch oft bedrückender Einfälle hervorrufen könnte.

Vorschläge zur Liturgie

Lieder
Zu Beginn: Kirchentagsliederheft 83, Nr. 622 (Er weckt mich alle Morgen. Jochen Klepper hat dieses Lied dem 3. Gottesknechtslied nachgedichtet!) – *Wochenlied:* EKG 249 (Such, wer da will ein ander Ziel). *Vor der Predigt:* EKG 197 (Du meine Seele singe). *Nach der Predigt:* EKG 288 (In dir ist Freude). – *Zum Schluß:* Kirchentagsliederheft 83, Nr. 661 (Komm, Herr, segne uns). – *Weitere Vorschläge:* EKG 190 (Wohl denen, die da wandeln). EKG 306 (Ich steh in meines Herren Hand). EKG 231 (Nun danket all und bringet Ehr)

Lesungen
Evangelium: Matt 15,21–28
Praefamen: Als Evangelium hören wir die Geschichte, die erzählt, wie der Glaube einer heidnischen Frau Jesus überwindet. – Diese Geschichte zeigte schon den ersten Christen, daß Jesus für alle Menschen da ist und daß der Glaube an ihn Grenzen der Rasse und der Nationalität überschreitet.
Epistel: Röm 8,31–39
Praefamen: Als Epistel für den heutigen Sonntag hören wir einen Abschnitt aus dem Römerbrief: Gott hat uns durch Jesus Christus in seine Liebe hineingenommen. Von ihr kann uns niemand und nichts trennen. Deshalb haben wir Vertrauen, Gewißheit und Zuversicht.

Kollektengebet
Herr, unser Gott, viel Dunkelheit liegt über unserer Welt – und oft auch über unserem Leben.
Erleuchte, was dunkel ist, mit Deinem Licht, damit wir uns und unsere nahen und fernen Nächsten sehen können.
Oder: Herr, es ist gut, daß die Bibel der Juden auch zu uns Christen redet. – Wir danken für Worte der Weisung, des Trostes, der Verheißung und Mahnung, die wir bei Moses, in den Psalmen und von den Propheten hören. Wir bitten dich, Gott, laß das, was du dem Volk Israel gesagt hast, auch uns stärken und helfen.

Fürbittgebet

Wir wollen beten zu Gott, der für uns wie eine Mutter und wie ein Vater ist:
Wir wollen beten
für alle, die am Ende sind,
für Traurige und Verzweifelte,
für die, die keinen Sinn mehr sehen,
die sich zu Drogen oder Alkohol flüchten:
daß Hoffnung zurückkehrt zu ihnen,
daß Glaube ihnen Mut macht,
einen neuen Anfang dennoch zu wagen,
daß sie die Freude am Leben wiederfinden.

Wir wollen beten
für die Fremden, die unter uns leben,
daß wir ihnen als Menschen begegnen,
die Gottes Geschöpfe sind wie wir selber,
daß wir gut zu ihnen sind,
daß wir dem Fremdenhaß widersprechen,
daß wir mithelfen, die Ängste zu mindern,
die zu diesem Haß führen.

Wir wollen beten
für die Menschen in Kriegsgebieten:
daß das Töten und Vergewaltigen aufhört,
daß Feinde den Frieden entdecken
als einzige Möglichkeit,
miteinander menschlich zu leben;
daß das Wunder geschieht:
daß nach soviel Zerstörung, Unrecht und Tod
dennoch Verständnis und Versöhnung wachsen.

Wir wollen beten
für unsere bedrohte Welt,
daß immer mehr Menschen erkennen:
Wir müssen lernen, anders umzugehen
mit der Schöpfung, die Gott uns anvertraut hat,
damit wir aufhören, sie zum Steinbruch zu machen
und Flüsse, Meere und Luft zu Abfallgruben;
daß jeder von uns die kleinen Schritte lernt,
die viel bewirken, wenn viele sie tun,
daß wir mithelfen, Gottes Schöpfung zu bewahren.

Herr, guter Gott:
sei Mutter, sei Vater für uns!
Schenke uns Freude am Leben,
Freude an deiner Schöpfung,

Freude am Fremden,
das unser Leben bereichert.

Herr, guter Gott:
Gib, daß wir Menschen begegnen,
die Dein Heil zu uns tragen,
die Licht für uns sind, das leuchtet.
Mach uns selber zum Licht,
das Dunkel erhellt – in der Nähe und in der Ferne.

Vorschlag zur Predigt

Möglicher Anfang

Wir kennen die Namen vieler Propheten: Jeremia, Jesaja, Hesekiel, Amos, Obadja, Nahum ... Aber es gibt auch Propheten, deren Namen wir nicht mehr kennen. Einer dieser namenlosen Propheten soll heute bei uns zu Wort kommen. Seine Sprüche und Lieder wurden einfach an das Buch des Propheten Jesaja angefügt. Darum nennen wir ihn den zweiten Jesaja. Jüdische Gelehrte sprechen von Jesaja, dem Tröster, denn sein Buch beginnt mit der Aufforderung: »Tröstet, tröstet mein Volk, spricht euer Gott! Redet mit Jerusalem freundlich und predigt ihr, daß ihre Knechtschaft ein Ende hat ...«.

Dieser Beginn des zweiten Jesaja-Buches weist uns auf die Zeit und auf die besondere Situation, in der der Prophet lebte und wirkte: Der babylonische Feldherr Nebukadnezar hatte 587 oder 586 vor Christi Geburt Jerusalem und den Tempel zerstört. Damals wurden viele Juden, besonders aus der Oberschicht, als Gefangene ins Land der Sieger gebracht, in die babylonische Gefangenschaft, ins Exil. Inzwischen waren rund 40 Jahre vergangen. Den gefangenen Juden ging es nicht schlecht in Babylon, im Zweistromland von Euphrat und Tigris: Sie durften sich Häuser bauen und konnten eigene Felder bestellen. Sie durften inmitten der Gottesdienste und der Prozessionen für die fremden Götter der Sieger ihren eigenen Gott Jahwe weiter verehren. – Aber da war das Heimweh nach Jerusalem, nach dem Berg Zion. Da waren die Zweifel und Fragen: Warum hat uns Gott dieses Unglück zugefügt? Wann wird es enden?

Zu diesen verbannten Menschen redet Jesaja, der Tröster. Vieles von dem, was uns von ihm überliefert ist, gehört für mich zu dem Schönsten und Innigsten des Alten Testaments. Jesaja, der Tröster, verspricht den Müden Kraft und Stärke (Jes 40,29ff.). Gott läßt ihn zum Volk sagen: »Fürchte dich nicht, denn ich habe dich erlöst; ich habe dich bei deinem Namen gerufen, du bist mein!« Und er sagt im Namen Gottes den trauernden und zweifelnden Juden zu: »Denn es sollen wohl Berge weichen und Hügel hinfallen, aber meine Gnade soll nicht von dir weichen und der Bund meines Friedens soll nicht hinfallen, spricht der Herr, dein Erbarmer.« (Jes 54,10).

Zu diesem Jesaja, der tröstet, gehört ein anderer Jesaja, den wir durch unseren Predigttext kennenlernen. In Jesaja 49,1–6, dem zweiten der vier Lieder vom Gottesknecht, heißt es: *(Textlesung)*
Mein erster Eindruck: Dieser Text geht mich gar nichts an. Der Prophet redet zu fernen Inselbewohnern und zu fremden Völkern, doch nicht zu mir. Bin ich etwa ein Fremder? – Für den Propheten schon! Ich bin schließlich kein Jude. Ich bin ein Nachkomme jener fremden Völker, für die der Prophet Licht sein soll. – Es dämmert mir: Ich würde vielleicht gar nicht zur Gemeinde Gottes gehören, wenn dieser unbekannte Prophet nur die bedrängende Not des eigenen Volkes gesehen hätte. Aber da hat einer angefangen, die Grenzen zu überschreiten, mit denen wir uns vor den Fremden schützen, die Volk von Volk, Menschen von Menschen, die Rasse von Rasse trennen. Da versucht einer, sein Volk zu trösten – aber das genügt nicht: Gott macht ihn auch zum Licht der Heiden.
Wir würden vielleicht gar nicht zur Gemeinde Gottes gehören, wenn dieser Prophet nicht Nachfolger gehabt hätte: Grenzüberschreiter im Namen Gottes, dessen Gemeinde nicht ein Volk und nicht eine Kirche, sondern die Welt ist. Fremde wären wir geblieben, wenn zu den Nachfolgern des Propheten nicht auch Jesus von Nazareth gehört hätte – wenn nicht von jener heidnischen Frau erzählt worden wäre, von der wir vorhin in der Lesung aus dem Matthäusevangelium gehört haben: Ihr Vertrauen brachte Jesus dazu, über die Grenze seines eigenen Volkes hinauszugehen – bis in jene Weite, der wir am Ende des Matthäusevangeliums begegnen: der auferstandene Jesus schickt seine Jünger hinaus in alle Welt, damit alle Völker zu Jesu Jünger werden.
Der Prophet hat mir bereits ein Licht aufgesteckt. Er hat mich daran erinnert, daß ich meinen Platz in Gottes Gemeinde den Grenzüberschreitern verdanke. Er hat mich daran erinnert, daß ich selber ein heimgeholter Fremder bin.

Gedanken zum Auswählen und zum Weiterführen
– Wer ist dieser unbekannte Grenzüberschreiter: Er spricht aus der Erfahrung des Scheiterns, von der auch der gekreuzigte Jesus weiß: Mk 15,34. Wir alle kennen das: Es war alles vergeblich, umsonst, zwecklos. Jesaja, der Tröster, erfuhr die Trostlosigkeit (Vers 4!). Der Urtext redet von Leere, von Dunst, von Hauch und Nichts! Trost, der trösten kann, setzt oft die Erfahrung von Abgrund und Tiefe voraus – auch bei uns.
– Wie hat der unbekannte Prophet seine Trostlosigkeit überwinden können? Durch Erinnerung! Er erinnert sich an den Gott, der ihn berufen hat, als er noch namenloses Embryo war – also vor aller Bewährung und vor allem Scheitern. Das ist ein Gott, bei dem man sich Ansehen und Geltung nicht durch Leistung und Erfolg erarbeiten muß. Das ist ein Gott, der zu mir hält – auch vor einem Scherbenhaufen.

– Erinnerung kann aus der Tiefe wieder heraufhelfen. Luther soll in Zeiten des Zweifels und der Depression ›baptizatus sum‹ mit Kreide auf sein Pult geschrieben haben. Erinnerung kann uns festhalten bei Gott: Erinnerung an wichtige Bibelworte, an Menschen …
– Jesaja, der Tröster, erinnert sich an seine Berufung zum »Knecht Gottes«, d.h. daran, Gottes Bote und Sprecher zu sein. Da liegen Hoheit und Niedrigkeit dicht beieinander (Antiker Ehrentitel: Knecht des Königs; ähnlich wie bei uns: Minister = Diener). Da muß einer genau zuhören, wenn sein Wort treffen soll. Schwert und Pfeil, die antiken Angriffswaffen, werden als Bild fürs scharfe, treffende Wort gewählt – von Jesaja, dem Tröster! Auch die mahnende, aufregende und angreifende Rede ist Aufgabe des Gottesboten, nicht nur Trost. »Die Frage ist, ob es nicht bei der Inflation der Worte angebracht wäre, daraus zu lernen. Lieber ein Schnitt und ein Stich oder – bildlich gesprochen: ein ›Schuß von der Kanzel‹, als der einlullende Dauerton, der mehr schadet, als man denkt.« (Klaus Seybold, im Band »Exegesen« zu unserem Text.) Allerdings muß man dann auch mit Ablehnung, Widerspruch und Verfolgung rechnen. Der Prophet weiß sich unter dem Schutz der Hand Gottes (wie Jochen Klepper ›unter dem Schatten seiner Flügel‹). Trotzdem mußte er leiden und sterben, wie es das 4. Gottesknechtslied ergreifend beschreibt: »Er war der Allerverachtetste und Unwerteste, voller Schmerzen und Krankheit …« (Jes 53,3). Auch darin wurde Jesaja, der Gottesknecht, zum Vorläufer Jesu, aber auch zum Vorläufer des Geschicks seines Volkes, das sich manchmal ebenfalls als Gottesknecht verstand und als Licht für die Völker (Interpolation in Vers 3!). Die Verbannten durften bald aus Babylon in die Heimat zurückkehren: die Perser zerschlugen das mächtige Reich der Babylonier. Aber ganz andere und viel schlimmere Verfolgungen mußte dieses Volk ertragen – bis hin zum Holocaust.

Möglicher Schluß
Gott gibt dem Propheten trotz seines Scheiterns einen neuen, unermeßlichen, fast gigantischen Auftrag zu seinem alten hinzu: »Es ist zuwenig, die Stämme Jakobs aufzurichten … ich habe dich auch zum Licht der Heiden gemacht, daß du seist mein Heil bis an die Enden der Erde.« (Vers 6) Das möchte ich umschreiben: Der Prophet, ein Licht aller Völker. Gott, ein Gott aller Menschen. Alle Menschen, Brüder und Schwestern, die sich nicht mehr totschlagen wie Kain den Abel, weil Gottes Heil bis an die Enden der Erde gelangt ist.
Das ist eine großartige Vision, eine Verheißung, die erst teilweise in Erfüllung gegangen ist. Zum Beispiel dadurch, daß aus dem Volk des Propheten Jesus von Nazareth zu uns kam. Zum Beispiel darin, daß wir mitlesen dürfen in der Bibel der Juden. Zum Beispiel darin, daß wir lernen, uns Gott gegenüber als heimgeholte Fremde zu verstehen. Die große Erfüllung aber steht noch aus. Es scheint oft mehr Dunkelheit über der Welt und über

unserem Leben zu liegen als Licht. Ich denke an den Krieg in Jugoslawien oder an die Ausländerfeindlichkeit bei uns. Aber gerade in diesen Dunkelheiten wird mir der alte Prophetentext zum Licht. Er zeigt mir, woran ich mich orientieren kann: Nicht an der bedrückenden Wirklichkeit des Krieges in Jugoslawien oder an den brennenden Häusern von Rostock, Mölln oder Solingen. Sondern an der Verheißung von Licht und Heil auch für die Fremden. Wir sind selber Fremde gewesen. Wir haben Heimat gefunden bei Gott. Gott ruft uns in die Nachfolge seines unbekannten Propheten. Er ruft uns in die Nachfolge Israels. Er ruft uns in die Nachfolge Jesu. Gott ruft uns in die Nachfolge seines Lichtes und seines Heils – gerade jetzt, wo Bewohner ferner Inseln und Vertreter fremder Völker mitten unter uns leben.

Kontexte

»Wir sind Fremde – fast überall«
(Posteraufschrift)

Dein Christus ein Jude
Dein Auto ein Japaner
Deine Pizza italienisch
Deine Demokratie griechisch
Dein Kaffee brasilianisch
Dein Urlaub türkisch
Deine Zahlen arabisch
Deine Schrift lateinisch
und Dein Nachbar nur ein Ausländer?
(Das lese ich gerade auf Plakaten an Göttinger Bushaltestellen, an denen sonst für Bier, Zigaretten usw. geworben wird.)

Ein jüdisches Gleichnis (zu Jes 49,4):
Ein Schatzgräber wird beauftragt, einen Schatz zu finden. Die Leute, die ihn bestellen, nennen einen Betrag, der ihm in jedem Fall ausbezahlt wird. Er sucht, doch er findet nichts. Seine körperliche Anstrenung war vergebens, denn das Gesuchte konnte er nicht entdecken, doch für ein Nichts hat er seine Kraft nicht eingesetzt: Der Lohn bleibt ihm gesichert. Anders der Fall, wenn die finanzielle Entschädigung von einem geglückten Fund abhängig ist. Bleibt die Suche erfolglos, so ist die Anstrengung gänzlich umsonst gewesen.
(Roland Gradwohl, Bibelauslegungen aus jüdischen Quellen Bd. 2: Die alttest. Predigttexte des 4. Jahrgangs, Stuttgart 1987, S. 165)

Psalm 126: »Wenn der Herr die Gefangenen Zions erlösen wird ...«
Psalm 137: »An den Wassern zu Babel saßen wir und weinten ...«

Erntedankfest

Predigttext: 1. Timotheus 4,4–5

Jutta Konowalczyk-Schlüter

Theologisch-homiletische Skizze

Kontext der Perikope:

Im 4. Kapitel des 1. Timotheusbriefes setzt sich der Verfasser mit asketischen Sektierern auseinander, die in der Loslösung der Seele vom Körper den Weg zur Vereinigung mit Gott erblicken und deshalb das Heiraten – also die körperliche Vereinigung von Menschen – ablehnen und zudem eine Reihe von Reinigungs- und Speisevorschriften aufstellen.

Unsere Perikope ist also keine allgemeingültige Sentenz, sondern wendet sich konkret gegen Irrlehrer und hält fest: Alles, was Gott geschaffen hat, ist gut! Gottes gute Schöpfungsordnung wird verneint, wenn an die Stelle des Dankens gesetzliche Vorschriften treten.

Die Sektierer werten mit ihren asketischen Forderungen genau das ab, was Gott geschaffen und in der Zuwendung Christi den Menschen neu anvertraut hat: Die Zweisamkeit in der Ehe, die körperliche Vereinigung von Mann und Frau und die Fürsorge für den eigenen Körper durch den Genuß von Speisen und Getränken. Demgegenüber konstatiert der Verfasser des 1. Timotheusbriefes im Namen des Paulus die große Freiheit der Kinder Gottes: Im Bereich der Schöpfung ist die Sorge um das eigene Heil unnötig, da es nicht machbar ist, sondern nur angenommen werden kann. Im Horizont der Eschatologie ist die Schöpfung nicht einfach »vollkommen«, sondern »gut« im Sinne von tauglich für Gottes Pläne. Jesus Christus, Gott selbst, der in der Welt geglaubt wird, ist die Gabe schlechthin. In der Leiblichkeit Jesu beginnt Gottes versöhnendes Handeln. Für den, der mit Danksagung aus der Hand des Schöpfers *empfängt*, gibt es nichts Verwerfliches (vgl. Markus 7,15). Nur dann, wenn der Mensch die Schöpfungsgaben eigenmächtig *nimmt*, also das Geschaffene mit dem Schöpfer verwechselt, verlieren die Gaben ihre Beziehung zu Gott, der Mensch wird zum gottlosen Materialisten.

Aber wenn das, was Gott geschaffen hat, mit Danksagung empfangen wird, bezieht sich der Dank nicht allein auf die Gabe, sondern auch auf die Zuwendung Gottes, die sich im Akt des Gebens ausdrückt.

Meine Gemeinde und das Erntedankfest

Am Erntedanktag erwarten sowohl die Kerngemeindeglieder als auch diejenigen, die nur gelegentlich kommen, einen »schönen«, fröhlichen und festlichen Gottesdienst. Die Kirche soll reichlich mit Blumen, Früchten und Erntegaben geschmückt sein, es sollen die bekannten Lieder »von früher« gesungen werden und in Lesungen und Predigt soll die Dankbarkeit dafür zur Sprache kommen, daß wir alles haben, was wir zum Leben brauchen.

Die Alten freuen sich, noch einmal einen Herbst erleben zu dürfen und erinnern sich an die Ernteeinsätze in ihrer Jugendzeit.

Die mittlere Generation sieht in den Erträgen ihrer Kleingärten im Zeitalter zunehmender Arbeitslosigkeit auch wieder einen deutlichen Beitrag zur Existenzsicherung.
Und die Kinder wissen zwar, daß »der liebe Gott alles wachsen läßt«, aber sie haben aufgrund von schneelosen Wintern und verregneten Sommern sowie Urlaubsreisen in den sonnigen Süden die Beziehung zu den Jahreszeiten weitgehend verloren.
Was feiert man eigentlich am Erntedanktag, wenn es das ganze Jahr über alle Lebensmittel gibt, und man nur noch am Preisunterschied merkt, ob sie aus Deutschland oder aus fernen Ländern kommen? Was bedeutet es heutzutage, mit Danksagung Gottes Schöpfung zu empfangen? Und was ist die gute Schöpfung Gottes für uns?
Diese Fragen müßten im Laufe der Predigt zur Sprache kommen.
Ich selbst möchte auch einen festlichen Erntedankgottesdienst feiern, zumal der Predigttext die Stichworte Dank, Danksagung vorgibt und wir allen Grund zur Dankbarkeit haben (Frieden, soziale Absicherung, Nahrung und Kleidung). Die Gemeinde ist sich der vielfältigen Probleme bewußt, die mit Ökologie und Weltwirtschaft zu tun haben, so daß ich in der Predigt nicht ausführlich erörtern muß, daß wir auf Kosten anderer leben, sondern darauf eingehen kann, was eigentlich den Grund unseres Lebens ausmacht.
Wichtig ist mir die Frage: Was heißt das für uns, wenn wir für Gottes lebensfördernde Gaben danken? In unserem Alltag erleben wir doch immer wieder, daß letztlich Menschen von Menschen abhängig sind. »Mit Danksagung empfangen« meint hier eine Lebenshaltung, die alle Lebensbereiche umgreift. Meine Frage wird schließlich existenziell: Brauche ich Gott nur noch für die Bereiche, die meiner Verfügbarkeit entnommen sind (z.B. Tod, Naturkatastrophen, Krankheiten), oder empfange ich mein ganzes Leben als Gabe und Schöpfung Gottes?

Vorschläge zur Liturgie

Lieder

EKG 178 (Der Herr ist mein getreuer Hirt), EKG 380 (Nun preiset alle Gottes Barmherzigkeit), EKG 382 (Das Feld ist weiß, vor ihrem Schöpfer neigen die Ähren sich), EKG 158 (Herr Jesu Christe, mein getreuer Hirte), EKG 59 (Wir danken dir, Herr Jesu Christ), EKG 475 (Wir pflügen und wir streuen den Samen auf das Land)

Lesungen

Die vorgeschlagenen Lesungstexte nehmen das Thema des Sonntags, die Dankbarkeit für die Schöpfungsgaben, auf:
Der *Episteltext* 2. Korinther 9,6–15 betont die göttliche Gnade, die sich in den Schöpfungsgaben erweist und wiederum die menschliche Dankbarkeit evoziert.
Das *Evangelium* Lukas 12,13–21 spricht sich gegen das habgierige anhäufen von Vorräten aus, da der Mensch nicht nur von irdischen Gütern lebt.
Die *alttestamentliche Lesung* Jesaja 58,7–12 fordert die Gemeinde auf, ihre irdischen Gaben mit den Bedürftigen zu teilen und auf die göttliche Gerechtigkeit, Führung und Bewahrung zu vertrauen.

Psalm 104 ist der *Wochenpsalm*, in ihm wir die Schöpfungsthematik aufgenommen.
Psalm 23 kommt durch die Lieder EKG 178 und 156 zur Sprache, als *Eingangsvotum* ist der Tagesspruch Psalm 145,15 gut geeignet, da er an ein bekanntes Tischgebet erinnert: »Aller Augen warten auf dich und du gibst ihnen ihre Speise zur rechten Zeit.«

Gebet
Guter Vater im Himmel, wie eine Mutter sich um ihre Kinder kümmert, so sorgst du für alle, die dir anvertraut sind und die an dich glauben. Wir wissen es ja, daß wir nicht vom Brot allein leben, sondern von deinem guten, lebenschaffendem Wort. Hilf' du uns dabei, dieses Wissen auch in die Tat umzusetzen. Laß' uns dein gutes Wort mitnehmen in unseren Alltag, und es weitergeben an die Menschen, die uns in dieser Woche begegnen. Amen.

Sündenbekenntnis
Herr unser Gott, weil wir jetzt auf dein Geheiß und im Namen deines lieben Sohnes dich anrufen und dein Wort hören wollen, so gib uns, daß das nicht ohne dich, sondern in deiner heiligen Gegenwart, in der Macht deines Geistes und zu deinem Ruhme geschehe.
Wir wissen und bekennen, daß in uns nichts Gutes wohnt.
Wir halten uns aber daran, daß bei dir die Fülle ist.
Wir bitten dich, daß du den Gehorsam in uns erweckst, der uns zu brauchbaren Verkündigern und Hörern deines Wortes macht:
daß von seiner Stärke, Tiefe und Klarheit nichts verlorengehe durch unsere Schuld. Wir bitten dich um dasselbe für alle Gemeinden, die in dieser Stunde und an diesem Tage hier und anderwärts zu demselben Werk versammelt sind ...
Herr, erbarme dich!
(K. Barth, Gebete. 6. Aufl. 1985, © Theologischer Verlag Zürich)

Gnadenzusage
»Der Herr ist gerecht in allen seinen Wegen und gnädig in allen seinen Werken! (Psalm 145,17)
Ehre sei Gott in der Höhe!«

Fürbittengebet
Herr allen Lebens,
du bist die Quelle alles Lebendigen.
Du hast uns beschenkt mit Sein und Zeit.
Ich danke dir, daß du mich geschaffen hast mit allen Kreaturen,
mir Gesundheit und Intelligenz, Gefühl und Willen gegeben hast
und noch erhältst.

Du hast uns Menschen ausgestattet mit Sehnsucht nach Ganzheit und Frieden. Wir wollen das Gute tun und verbunden leben.
Gib' uns ab von dir, durchdringe unser Denken, unser Fühlen und Wollen mit deinem Heiligen Geist.
Laß' uns dir nachsinnen, laß uns dich wahrnehmen in den Schönheiten des Lebens und in den Schreien der Bedürftigen.
Wie viele Menschen, wieviel Natur hast du aufgeboten,
daß ich leben und mich freuen kann. Herr, laß mich neu erkennen, daß ich zum Nehmen und Geben da bin.
Ich will mich öffnen, will die Mitmenschen Wärme und Anteilnahme spüren lassen. Ich will das gemeinsame Leben fördern und mit anderen teilen, was mir gewährt ist. Erhalte diesen Willen zur Gemeinschaft, Herr, denn du hast dafür gesorgt, daß wir Geschöpfe aufeinander und auf dich angewiesen sind!
(frei formuliert nach: T. Giesen, Was tun Christen wenn sie glauben?, Gütersloher Verlagshaus, Gütersloh 1982)

Vorschlag zur Predigt

Anfang
Wenn wir alle heute am Erntedanktag die »Früchte unseres Lebens« zum Altar bringen müßten, was würden wir dort hinlegen? Vielleicht selbstangesätes Gemüse, eigenhändig geerntetes Obst, hausgebackenes Brot, Marmeladengläser oder etwas Eingemachtes aus dem Keller? Oder würden Sie lieber etwas weniger Handfestes bringen und eher etwas Ideelles? Das selbstgebaute Haus, eine gelungene Karriere, die glückliche Ehe, wohlerzogene Kinder, ein gutgehendes Geschäft?
Wenn Sie mich fragen, ich würde vor allem Menschen mitbringen: natürlich meine Eltern, die meine Tochter liebevoll betreuen und es mir dadurch ermöglichen, berufstätig zu sein. Wenige gute Freunde, die ich auch dann besuchen darf, wenn ich schlecht gelaunt bin. Und mit denen ich mich sogar streiten kann, ohne daß gleich die ganze Freundschaft in Frage gestellt wird. Schließlich auch viele liebe Nachbarn. Vor allem die, die in den letzten Wochen sofort zur Stelle waren, um mit mir zusammen meinen gefluteten Keller auszuschöpfen, das Haustürschloß auszubauen, in dem der Schlüssel abgebrochen war, oder um das kaputte Auto wieder flottzumachen.
Um es auf einen Punkt zu bringen: Für gelungene Beziehungen würde ich mich heute, am Erntedanktag, gerne bedanken. Denn an ihnen wird meiner Ansicht nach besonders deutlich, daß wir all die Dinge, die wirklich wichtig sind in unserem Leben, nicht selbst machen oder schaffen, sondern nur empfangen können.

Zum weiteren Verlauf
Unseren gesamten Lebenszusammenhang verdanken wir nicht unserer eigenen Kraft, sondern wir haben ihn empfangen von Gott selbst, »der den

Menschen samt aller Kreatur geschaffen hat und erhält«, wie Martin Luther sagte.
Dazu gehört auch eine Einsicht, die mir im Verlauf meiner Pechsträhne in den letzten Wochen gekommen ist: In allen Lebensbereichen ist der einzelne Mensch von der Mitarbeit anderer Menschen abhängig. Oder von ihrer Vorleistung. Das gilt im Blick auf die globalen Dinge ebenso wie im persönlichen Lebensbereich ...
Ich meine damit die Sicherung von Arbeitsplätzen, den Dienstleistungsbereich und die Altersversorgung: Dort ist einer auf den anderen, eine Generation auf die nächste angewiesen.
Das gilt genauso für die Vorgaben an Liebe, Verständnis und Geduld in unseren persönlichen Lebensbezügen. Wir alle sind verflochten in das Maschenwerk unserer auf Arbeitsteilung basierenden Industriegesellschaft. Wir sind eingebunden in das Netz sozialer Sicherungen, angewiesen auf die Mitmenschlichkeit derer, mit denen wir tagtäglich unser Leben fristen.
So weit, so gut. Aber stellt sich gerade hier nicht die Frage: Was soll mein Dank an Gott, wenn letztendlich die Menschen *voneinander* abhängig sind? ...
Oft höre ich diese Frage, mehr oder weniger versteckt geäußert. Und ich denke, diese Art Anfrage hat ihre Ursache in dem »gespaltenen Gottesbild«, das viele Leute haben: Wenn es ihnen gut geht in ihrem Leben, dann leben sie so dahin, ohne jemals groß über Dankbarkeit Gott gegenüber nachzudenken, der ihnen all das Gute überhaupt erst geschenkt hat.
Haben sie aber ein schweres Schicksal zu tragen oder einen großen Verlust erlitten, ziehen sie Gott mit anklagenden »Warum«-Fragen zur Rechenschaft, als ob ein Vertrag zwischen Gott und den Menschen bestünde, der für die Menschen nur Gutes und Angenehmes enthielte.
»Alles, was Gott geschaffen hat, ist gut, und nichts ist verwerflich, was mit Danksagung empfangen wird, denn es wird geheiligt durch das Wort Gottes und Gebet!« hält der Verfasser unseres Predigttextes dagegen.

Weitere Schritte
Ausdrücklicher Bezug auf den Bibeltext, ihn erklärend und im Blick auf seine Situation vergegenwärtigend. Wie sind die Leute damals mit ihrem Dank umgegangen? Ein Weg für uns?

Schlußgedanken
Wie sieht es heutzutage mit dem Dank an Gott aus? Grenzen viele Leute den Dank an Gott aus ihren Alltagsbezügen aus und fragen nur noch in Grenzsituationen, im Blick auf das Dunkle, Unerklärliche nach ihm? Auch unser Predigttext kann uns nicht als Rezept dienen, um die Gegensätze unserer Welt zusammenzubringen:
Das Wort Gottes, Danksagung und Gebet sind keine Allheilmittel, mit denen man das Elend dieser Welt kurieren könnte. Aber sie sind die Eckpunkte eines Lebens, wie es von Gott gemeint und gewollt ist.

Eine andere Antwort bekommen wir Christinnen und Christen leider nicht auf unser Leiden an den Widrigkeiten dieser Welt.
So feiern wir heute Erntedankfest. Mitten in dieser Welt voller Gegensätze, mit denen wir leben müssen und leben dürfen. Danken, das sind nicht ein paar Worte, ein schnell heruntergesprochenes Tischgebet, lediglich ein bißchen Höflichkeit gegenüber Gott. Nein, Danken ist ein neues Verständnis von Leben. Wir dürfen unsere ganze Welt mit unserem persönlichen Leben als Gottes gute Gabe nehmen. Denn Gott hat uns von der Sorge befreit, wir müßten uns das Leben selbst verdienen.
Mutig und beschämt zugleich bekennen wir heute, daß wir für unsere Welt verantwortlich sind.
Verantwortlich für das, was aus ihr geworden ist und für das, was aus ihr werden soll. Mit Danksagung unter Gottes Wort und Gebet loben wir den Schöpfer in diesem Gottesdienst. Unser Platz ist bei ihm, auch wenn er herausdrängt aus dieser Welt – und seine Gemeinde vielleicht sogar mit ihm.
Deshalb sind wir heute in die Kirche gekommen, um mit Liedern und Gebeten unsere Dankbarkeit zum Ausdruck zu bringen.
Wir haben uns zu Beginn über die »Früchte unseres Lebens« Gedanken gemacht. Früchte des Lebens, die Gott geschaffen hat, die wir mit Danksagung empfangen.
Gott sei Dank, daß wir die Früchte all unserer Arbeit und Anstrengungen noch wahrnehmen und schmecken können.
Im Alltäglichen unserer Erfolge und Mißerfolge, unserer Freude und unserer Klage ist Gott uns nahe. Uns allen.
Wie sagte doch Ernesto Cardenal?
»Alle erschaffenen Wesen sind Liebesbriefe Gottes an uns!«

Gestaltungsidee für den Gottesdienst

Einzelne Gemeindeglieder, die mit dem Anbau, der Produktion oder dem Transport von lebensnotwendigen Gütern zu tun haben, könnten diese nacheinander auf den Altar legen und einen kurzen Bericht dazu abgeben.
In unserer Gemeinde wären beispielsweise ein Müller, der Mehl, Sämereien und Viehfutter beisteuern könnte, ein Bäcker, div. Kleingärtner mit Blumen, Obst und Gemüse, Mitarbeiterinnen einer großen Bremer Kafferösterei, Produktionsgehilfen einer Schokoladenfabrik, ein selbständiger Spediteur, Schiffahrtsoffiziere und Binnenschiffer, einige Damen vom »Deutschen Hausfrauenbund« und die Leiterinnen der verschiedenen Gemeindekreise.
In den Berichten sollte sowohl der Dank für die Fülle der Gaben als auch die mühsamen Arbeitsbedingungen in anderen Ländern, unser Überfluß und die Not in vielen Gebieten der »Dritten Welt« zur Sprache kommen.
Nach dem Gottesdienst könnten dann die Gaben zu Gunsten von einem Entwicklungshilfeprojekt verkauft werden. Dabei sollte jedes Gemeindeglied so viel für das jeweilige Produkt bezahlen, wie ihm das Produkt wert ist.

19. Sonntag nach Trinitatis

Predigttext: Jakobus 5,13–16

Joachim Puttkammer

Theologisch-homiletische Skizze

Das Evangelium dieses Sonntags (Markus 2) berichtet von der Heilung des Gichtbrüchigen.
Das biblische Votum zum Eingang heißt denn auch: »Heile du mich, Herr, so werde ich heil; hilf mir, so ist mir geholfen« (Jeremia 17,14).
Die Epistel (Epheser 4) fordert die Gemeindeglieder auf, ihr bisheriges Leben zu ändern, den alten Menschen abzulegen und füreinander dazusein.
Alle drei Gedanken finden sich in unserem Predigttext und sollten besprochen werden:
a) Das Gebet des Ältesten über dem Kranken wird dem Patienten helfen, »und der Herr wird ihn aufrichten«. Hier wird also ganz konkret von Heilung durch Gebet gesprochen, ohne jede Einschränkung, so wie das in der Heilung des Gichtbrüchigen durch Jesus berichtet wird.
b) Wer leidet, wird aufgefordert zu beten. Hier klingt das allgemein bekannte Wort »Not lehrt beten« an. Die Psalmen geben da sehr anschauliche Beispiele, auch das hinreichend bekannte »Rufe mich an in der Not« (Psalm 50,15).
Noch wichtiger erscheint in unserem Zusammenhang aber das Fürbittgebet, das der Jakobusbrief hervorhebt: Wer krank ist, soll die Ältesten zu sich rufen, daß sie für ihn beten.
c) Sünde und Krankheit können in Verbindung miteinander stehen. Deshalb hat ein Gebet für den Kranken auch ohne seine sofortige oder alsbaldige Gesundung durchaus seinen Sinn. Das Krankenabendmahl, das Sündenvergebung bewirkt, hat da seinen Platz.
Daß das Gebet auch in Familien, die sich treu zur Gemeinde halten, erschreckend zurückgegangen ist, daß nur wenig Abend-, Morgen- und Tischgebete gesprochen werden, sollte uns nicht verführen, die Gemeindeglieder anzuklagen. Wie bei schlechtem Gottesdienstbesuch würde der Prediger wahrscheinlich auch hier die Falschen anklagen. Der Sinn dieser Predigt ist erfüllt, wenn die Gemeinde zum Gebet für sich und andere motiviert wird.
Bedrängender erscheint eine allgemeine Gebetnot auch bei Hauptamtlichen in der Kirche. Viele scheinen dem Gebet nicht mehr zuzutrauen, was hier noch sehr deutlich gesagt wird: »Des Gerechten Gebet vermag viel, wenn es ernstlich ist« (Jakobus 5,16). Noch drastischer und bestimmter spricht Jesus vom Glauben, der Berge versetzen kann (Matthäus 17,20).
Weil das Zutrauen zu Gott in unserer Zeit geringer geworden ist, erlebt man es wohl in Gottesdiensten und bei Gemeindeveranstaltungen, daß Gott im Gebetsteil gesagt wird, wer er ist und was er bewirken kann, nicht aber, daß er gebeten wird, etwas Konkretes zu bewirken.
Daß ein Gebet bzw. sein Fehlen auf Probleme mit dem Glauben hinweist, ist eine Binsenweisheit. Doch sie muß immer wieder einmal gesagt werden: Wer ganz selbst-

verständlich an Gott glaubt, spricht auch ganz selbstverständlich mit ihm. Wer Zweifel an seiner konkreten Wirklichkeit und Wirksamkeit hat, hat auch mit dem Gebet Probleme.

Dieses eigentlich Selbstverständliche sollte der Gemeinde in der Predigt höchstens am Rande gesagt werden. Hauptthema muß sein, ihr Freude am Gebet zu machen, sie zum Gebet zu ermutigen und natürlich auch davon zu sprechen, daß nicht jedes Gebet erhört wird und man dennoch weiter beten soll. Luthers Ermunterung, wir sollten Gott bitten wie die lieben Kinder ihren lieben Vater, trifft den Kern: Gerade wenn ein Vater seine Kinder sehr lieb hat, wird er ihnen zu ihrem eigenen Wohl nicht jeden Wunsch erfüllen; dennoch bleibt er ihr lieber Vater.

Wir haben es mit dieser unbefangenen Gotteskindschaft wahrscheinlich schwerer als der Reformator – oder doch nicht? Luther berichtete von einer Gebetserhörung am Krankenbett Melanchthons. Sein Freund und Mitarbeiter sei sterbenskrank gewesen; manche Autoren fügen hinzu, Melanchthon sei aus Kummer über einen Streit zwischen ihm und Luther so krank geworden – dies wäre auch im Zusammenhang mit unserem Predigttext von Belang: Eine spezielle Form der Sünde. Luther sei zu ihm geeilt und habe an seinem Bett für seine Gesundheit gebetet (Aufhebung der Trennung). Bald darauf sei der Freund genesen. So sehr wir uns über diese Geschichte freuen: Als Gebetserhörung war sie recht bescheiden. Dennoch hat gerade Luther sehr viel gebetet und zum Gebet ermutigt.

Ein weiteres Beispiel dafür, daß auch Gebete von Glaubensgrößen nicht immer erhört werden, berichtet Paulus aus seinem Leben. Er war krank. Wir wissen nicht genau, was der »Pfahl im Fleisch« bedeutet, von dem er spricht, auch nicht, was es mit dem Engel auf sich hat, der ihn nachts mit Fäusten schlägt. Die Meinung, es könne sich um Epilepsie gehandelt haben, hielt bereits Albert Schweitzer für falsch. Wiederholt habe er Jesus um Heilung dieser Krankheit gebeten, berichtet Paulus. Jesus aber habe geantwortet: »Laß dir an meiner Gnade genügen; denn meine Kraft ist in den Schwachen mächtig« (2. Korinther 12,9). Und wir sollten uns auch an Jesus im Garten Gethsemane erinnern. Dort ging der Kelch ja nicht an ihm vorüber. Dennoch vertraute er Gott weiter: »Aber nicht, wie ich will, sondern wie du willst.« Hier zeigt sich Gebet vor allem als Verbindung zu Gott.

Doch der letzte Gedanke ist im Jakobusbrief nicht vorherrschend. Dort steht ganz klar: Wenn ihr über dem Kranken betet, wird es besser mit ihm. An diesem einen Sonntag des Jahres sollten wir diese ganz klare Aussage in den Mittelpunkt unserer Predigt stellen und dazu positive Beispiele nennen, auch wenn sich natürlich auch negative finden lassen. Mit den Negativa fertigzuwerden, sollte mehr der persönlichen Seelsorge vorbehalten bleiben.

Wir werden heute genau so wie die Christen vergangener Zeiten erleben, daß Menschen nach unserem Gebet für einen Kranken gesund werden – allerdings werden wir auch hinnehmen müssen, daß unser Gebet keine Wirkung zu haben scheint.

Vorschläge zur Liturgie

Da das Thema dieses Sonntags in besonderer Weise das Gebet ist und die Gemeinde zum Gebet ermutigt werden soll, erscheint eine Gottesdienst-Vorbereitungsgruppe besonders sinnvoll, die sowohl das Kollektengebet als auch das große Kirchengebet vorbereitet.

Kollektengebet
Wir danken Dir, lieber Vater, daß du da bist und uns gern hörst. Wir danken dir, daß wir zu dir kommen dürfen wie die Kinder zu ihrem lieben Vater. Wir bitten Dich, schenk uns trotz mancher Enttäuschungen, daß wir festhalten an Dir, daß wir dankbar sind für alles, was Du uns schenkst, daß wir nicht böse oder gar gleichgültig werden, wenn nicht alle unsere Wünsche in Erfüllung gehen, daß wir weitergeben, was Du uns bedeutest und anderen bedeuten kannst.

Psalm
Unter den Psalmen gibt es viele, die sich zum Anliegen dieses Sonntags eignen würden. Die Agende sieht Psalm 78 vor. Mir erscheint dieser Psalm zutreffend und gut.

Fürbitten und Vaterunser
Das *Fürbittengebet* kann sich nach meiner Erfahrung sehr wohl am agendarischen orientieren. Wichtig ist dabei nur, daß die *Vorbereitungsgruppe* es konkretisiert. Wer das einmal versucht hat, wird überrascht sein, wie konkret Gemeindeglieder formulieren können – übrigens auch Konfirmanden.
In kleineren Gottesdiensten habe ich von Zeit zu Zeit etwas Anderes versucht: Wer wollte, konnte nach vorn kommen, ein Gebet für eine Person oder eine Sache sprechen und dann eine Kerze anzünden. Die Gemeinde singt nach jeder Bitte ein dreifaches Kyrie oder spricht »Herr, wir bitten dich« oder ähnliches. Das war manchmal außerordentlich eindrucksvoll, zuweilen aber auch sehr intim (Eheprobleme oder Generationskonflikte) und ab und zu schlicht peinlich. Der Pastor oder die Vorbereitungsgruppe muß also überlegen, ob die Art der Gebetsgruppe zur Zielgruppe paßt, die am Sonntag erwartet wird. Da persönliche Gebetsanliegen naturgemäß zum Intimsten eines Menschen gehören, wäre manches wohl besser im Seelsorgegespräch aufgehoben als in die Öffentlichkeit getragen.
Beim *Vaterunser* könnte man von der römisch-katholischen Kirche lernen, zwischen der letzten Bitte und der Doxologie (»Denn dein ist das Reich …«) persönliche Gebetsanliegen zu sprechen.

Vorschläge zur Predigt

Predigtanfang
Da sind wir im Zentrum unseres Glaubens: Wir dürfen mit Gott sprechen, und er will uns zuhören, wie ein lieber Vater seinem lieben Kind zuhört, das Probleme hat oder einen bestimmten und ganz wichtigen Wunsch hat. Wo wir auch sind, wer wir auch sind und was wir immer für Probleme haben – er hat immer Zeit für uns und hört uns zu. Und heute geht der Jakobusbrief

noch einen Schritt weiter: Gott hört uns nicht nur, er erhört uns auch. Das steht ganz klar da, und das wollen wir an diesem Sonntag auch ganz deutlich sagen. Wer krank ist, darf sich darauf verlassen: Gott will, daß es besser mit ihm wird. Wer nicht mehr weiter weiß, darf sich darauf verlassen, daß Gott ihm weiterhlft.

Weitere Schritte

Jetzt müßten Beispiele kommen, wie Gott weitergeholfen hat. Am besten sind naturgemäß persönliche Beispiele. Wer solche Erfahrungen nicht hat oder aus bestimmten Gründen nicht weitergeben will, kann als biblische Beispiele aus dem Alten Testament vor allem den Zug des Volkes Israel durch die Wüste heranziehen; da gibt es eine ganze Reihe von oft verzweifelten Situationen, die durch Gebet bewältigt wurden. Vor allem aber ist in Parallele zu unserem Predigttext herauszuheben, was Gebet für andere bedeutet: Mose betet ja nicht (nur) für sich, sondern stellvertretend für das Volk, das regelmäßig zweifelt.

Das Gebet füreinander ist ebenso wichtig wie das völlig legitime Gebet für sich selbst.

Aus der Kirchengeschichte wurde mir Luthers Gebet für den kranken Melanchthon wichtig.

Nur am Rande würde ich darauf eingehen, daß jeder Beter die Erfahrung macht: Nicht alle Gebete gehen in Erfüllung. Das Bild vom guten Vater sollte hier noch einmal gebraucht werden. Gerade wenn ein Vater sein Kind lieb hat, wird er ihm nicht jeden Wunsch erfüllen. Für das Kind kann das eine ganz große Enttäuschung sein, manchmal schmerzlich; ich weiß auch von Kindern, die dann mit ihren Eltern nichts mehr zu tun haben wollten. Doch damit müssen sie fertigwerden – wie wir mit unseren unerfüllten Gebetsanliegen.

Als beste neutestamentliche Beispiele erscheinen mit Christus im Garten Gethsemane und Paulus.

Entscheidend ist an diesem Sonntag aber die Gebetserhörung, die herauszustellen ist. Daß nicht alle Gebete erfüllt werden, sollte wirklich nur am Rande erwähnt werden und dem Seelsorgegespräch vorbehalten bleiben.

Schluß

Wenn wir uns also jederzeit an Gott wenden, mit ihm sprechen und für uns und andere bitten dürfen, wenn er uns ausdrücklich dazu ermuntert (Psalm 50,15), dann laßt uns das regelmäßig tun. Laßt uns nicht mehr übereinander reden, sondern miteinander und füreinander bitten. Laßt andere für uns bitten, wenn wir es einmal nicht können. Und laßt uns gegenseitig erzählen, wenn Gott unsere Gebete erhört hat. Damit wir immer neu erfahren: Er ist da, er hört und erhört uns.

Persönliche Erlebnisse aus dem Umfeld des Predigtthemas
Zu meiner Gemeinde in den siebziger Jahren gehörte in der Nähe von Neustrelitz ein kleines Dorf, das vorher kirchlich kaum betreut worden war. Auch die kleine Fachwerkkirche war so desolat, daß sie längst abgerissen worden wäre, hätte die Gemeinde das Geld dazu gehabt. Wir bemühten uns um die Gemeindeglieder im Dorf und bekamen auch das Kirchlein wieder einigermaßen in Ordnung. Aber so richtig lebendig wurde es dort nicht. In dieser Zeit wurde eine über sechzigjährige Frau aus diesem Dorf in die Klinik nach Neustrelitz gebracht. Die Ärzte riefen ihren Mann und teilten ihm mit, seine Frau sei nicht mehr zu heilen, sie könne nur noch zu Tode gepflegt werden. Der Mann antwortete, dann wolle er seine Frau mit nach Hause nehmen, daß sie dort sterbe, wie sie es wünsche. Der Krankentransport brachte sie also zu Weihnachten nach Hause, und der Mann bat mich, ihr am zweiten Weihnachtstag in Gegenwart der Famiienmitglieder das Sterbe-Abendmahl zu geben.
Damals hatte ich mich gerade mit dieser Stelle des Jakobusbriefes beschäftigt. Ich rief also die Kirchenältesten der Umgebung zusammen und richtete in Absprache mit ihnen Sprüche und Gebete so ein, daß sie sich ausschließlich auf die Heilung bezogen. Die Kirchenältesten beteten dann abwechselnd für die Gesundung der Frau. Ich segnete sie mit Handauflegung. Die Kranke konnte beim Abendmahl nicht mehr den Kopf heben; ich mußte die Hostie in den Wein tauchen und ihr so in den Mund geben.
Kurz nach meiner Heimkehr rief mich der Mann im Pastorat an und teilte mir unter Tränen mit, seine Frau habe zum erstenmal wieder den Kopf heben können. Ostern saß sie dann wieder im Gottesdienst in der Kirche. Das war der Auslöser für eine geistliche Entwicklung in dieser Gemeinde, wie man sie beglückender im Pfarramt kaum erleben kann.
Ein paar Jahre später kam in der Stadtgemeinde eine etwa dreißigjährige Frau zu mir ins Pastorat, eine Lehrerin an einer Musikhochschule. Einer ihrer begabtesten Schüler lag bereits länger als vier Wochen mit Gehirnentzündung bewußtlos auf der Intensivstation. Sie hatte in einer Predigt von mir das oben berichtete Erlebnis gehört und fragte, ob ich mit ihr und einem jungen Mann aus unserer Gemeinde in die Klinik gehen würde, um dort am Krankenbett für die Genesung des Stundenten zu beten. Da war es am schwierigsten, den diensthabenden Arzt auf der Intensivstation für unser Vorhaben zu gewinnen. Denn, sagte der Arzt, der Patient sei ja bewußtlos; was wir tun wollten, könne er nicht wahrnehmen. deshalb könne unser Tun keinen Einfluß auf den Kranken haben. Wir mußten ihm erst deutlich machen, daß sich unser Gebet nicht an den Kranken richtete, sondern an eine andere Person. Außerdem sei das Risiko für den Patienten groß, meinte der Arzt. Denn bei solchem Tun müsse der Patient in ein separates Zimmer gefahren werden. Das bedeute aber, daß kurzfristig die Versorgung mit Sauerstoff nicht möglich sei – ob wir die Verantwortung dafür übernehmen wollten (was selbstverständlich nur rhetorisch gemeint

war). Es bedurfte einiger Zeit, bis er den Kranken mit Hilfe eines Pflegers in ein anderes Zimmer brachte. Er blieb dann auch bei unserem Gebet dabei.
Eine Woche später ließ uns der genesende Student aus der Klinik grüßen. Der Arzt, mit dem ich später sprach, konnte sich die Heilung nicht erklären: »War es nun Ihr Gebet oder unsere ärztliche Kunst?« – wobei schon die Alternative falsch ist. Auch seine Prognose, der Genesende werde nach dieser langen Krankheitsphase geistig behindert, erfüllte sich Gott sei Dank nicht: Ein knappes Jahr später führten die Musikstudenten unter seiner Leitung ein größeres Werk auf, das er komponiert hatte. Heute ist er hauptamtlicher Kirchenmusiker in einer mittelgroßen Gemeinde.
Diese wunderbare Heilung sprach sich herum, und ich wurde verschiedentlich gebeten, auch in Nachbarstädte zu kommen. Ich lehnte diese Bitte aber ab, weil ich in dem, was ich getan hatte, etwas sah, das jede andere Gemeindegruppe auch tun kann: Für einen Kranken beten.
Sowohl als Dorfpastor als auch später in der Stadt wurde ich wiederholt zu Sterbenskranken gerufen, um für sie zu beten. Selbstverständlich wurden nach solchen Aktionen nicht alle Kranken gesund. Ich machte aber eine für mich unendlich wichtige Erfahrung dabei: Eine wunderbare Heilung hilft der Gemeinde und selbstverständlich auch dem Pastor ungemein zum Glauben und zur Aktivierung von Gemeindegruppen; das Nicht-Erhörtwerden schadet aber der Gemeinde nicht.

Kontexte

»Mein Gebet wurde erhört wie die Gebete aller Kinder.«
(André Couteaux »Frau für Vater und Sohn gesucht«, rororo 1518 S. 19)

»Gebete der Christen werden nach dem Gewicht und nicht nach der Länge gemessen.«
(Spurgeon)

»Jeden Tag haben wir Messe, eine halbe Stunde Meditation, Morgengebet, Nachmittagsgebet und am Abend eine ganze Stunde Anbetung. Anders wäre es nicht möglich zu arbeiten. Man muß ein geistliches Motiv haben. Man kann in dieser Weise nur für Gott, nie für einen Menschen arbeiten.«
(Schwester Agnes aus Mutter Teresas Team in »Mutter Teresa« von Desmond Doig, S. 167)

»Fünf bis sechs Meilen hinter Tomsk kam die Kolonne an einer Tschasowuja am Wege vorbei, einem offenen Häuschen, in dem ein grausiges hölzernes Abbild des Gekreuzigten hing. Hier, wie bei unserem Aufbruch aus Tomsk, fiel mir auf, daß zwei Drittel der Sträflinge ihre Mützen abnahmen, sich andächtig bekreuzigten und kurze Gebete murmelten. Ein russischer Bauer kann Straßenräuber oder Mörder werden, aber er bleibt dabei, sich zu bekreuzigen und zu beten.«
(George Kennon »... und der Zar ist weit«, S. 318)

20. Sonntag nach Trinitatis

Predigttext: 1. Korinther 7,29–31

Günter Geisthardt

Theologisch-homiletische Skizze

Geht es im Kontext (1 Kor 7,1–40, mit Ausnahme von Verse 17–24) im wesentlichen um Fragen der Ehe, so weitet Paulus in Verse 29–31 den Blick auf andere Erfahrungsfelder aus und vollzieht zugleich einen Schritt vom Konkreten zum Allgemeinen. Nach dem Bedenken der Alternative Ehe oder Ehelosigkeit redet Paulus von dem Weltverhältnis, das der bevorstehenden Verwandlung der Welt angemessen ist. Ihre Begründung finden die aneinander gereihten Appelle (Verse 29b–31a) in den sie einrahmenden Sätzen: »Die Zeit ist kurz« (Vers 29a) und »das Wesen dieser Welt vergeht« (Vers 31b). Damit ist das Entscheidende über die Bedingungen gesagt, die Handeln und Erleben in der Perspektive des Glauens qualifizieren: »Von Gottes Zeit her ... entwickelt sich das Verhältnis zur Welt« (Exegese IV,4). Wenn die Ehe und andere geschöpfliche Ordnungen mit dieser Welt ihr Ende finden, dann bildet die Haltung, zu »haben als hätte man schon nicht mehr« (W. Schrage), die konsequente Entsprechung dazu.

Dennoch provoziert der Text bei mir zunächst zwiespältige, von Fragen bestimmte Reaktionen: »Haben, als hätte man nicht« – lautet so das Motto einer zum Prinzip erhobenen Distanzierung von der Welt und ihren Zwängen? Oder einer Rollendistanz, die alles Tun mit dem Vorzeichen eines »als ob« versieht? Oder versucht Paulus mit dieser Formel vielmehr den dem Glauben entsprechenden Weg zwischen rigoroser Askese und dem Streben nach Lebensgenuß im Hier und Jetzt zu bezeichnen?

Ähnlich wie G. M. Martin (Weltuntergang, Stuttgart 1984) erscheint es mir notwendig, zwischen gläubiger Weltdistanz und allgemeiner Halt- und Bindungslosigkeit zu unterscheiden: »Paulus empfiehlt, wirklich zu haben, aber ›als ob nicht‹. Was dann aber doch heißt: wirklich lachen und wirklich weinen, in leibhaftiger Gemeinschaft leben, wirklich kaufen und in Gebrauch nehmen ...« (147). Nicht Rückzug aus der Welt, Unverbindlichkeit und Vermeidung sind das Ziel, sondern ein Leben, das die Verwandlung der Welt durch Gott ins Auge faßt – und so im Rhythmus mit Gott und der Welt bleibt. Nicht festhalten wollen, was man nicht festhalten kann, keinen Halt suchen, der nicht hält. Stattdessen: Vergänglichkeit und Bruchstückhaftigkeit – auch in intensiven, lebendigen Beziehungen – wahrnehmen und ernst nehmen, und so der Welt und dem Leben gerecht werden.

Wo wir uns öffnen für Gottes verwandelnde Nähe, nehmen wir das Vergängliche als Vergängliches wahr und damit ernst. Wo wir in der uns gewährten Zeit das Vergängliche als Vergängliches wahrnehmen und ernst nehmen, bleiben wir offen für Gottes verwandelnde Nähe.

Dazu will ich in der Predigt ermutigen.

Einzelne im Textabschnitt benannte Erfahrungsfelder können als Konkretionen näher beleuchtet werden. Wollte man die Erschließungs- und Orientierungskraft des paulinischen *hos me* am Beispiel der *Ehe* verdeutlichen, ließe sich der Kontext dieser Perikope aufnehmen. Dabei könnte zur Sprache kommen, daß Liebespartnerschaft

in der Gegenwart vielfach als Religionsersatz fungiert – Liebe als »irdische Religion« bzw. »Nachreligion« (U. Beck/E. Beck-Gernsheim, Das ganz normale Chaos der Liebe, Frankfurt 1990, 222ff.) – und was dies für die Wirklichkeit gelebter Beziehungen bedeutet. Ein solcher Versuch müßte den Wandel kulturell geprägter Lebensformen und Beziehungsmuster, das gegenüber Paulus und seinen Zeitgenossen veränderte rechtliche Gefüge *und* Verständnis der Beziehungen zwischen Frauen und Männern (vgl. Vers 29: »die Frauen *haben*«) berücksichtigen und reflektieren.
Gegenüber einem derart komplexen, da ohne historische Erwägungen leicht kurzschlüssigen Versuch halte ich es für angemessener, bei Erfahrungen mit der eigenen Vergänglichkeit anzusetzen. Krankheit, eigene Todesangst und die Betroffenheit durch den Tod anderer machen die *Zeitlichkeit* menschlichen Lebens auf eindrückliche Weise bewußt. Für den Krebskranken, der um seinen nahe bevorstehenden Tod weiß und über seine letzten Lebenswochen und -tage Protokoll führt, ist die Zeit aufs äußerste »zusammengedrängt« (Peter Noll, vgl. Kontexte).
Da ich Hörerinnen und Hörer vor Augen habe, deren Lebenssituation stark durch Krankheit und Tod von Angehörigen geprägt ist, möchte ich von der Wahrnehmung der Todesgrenze ausgehen und davon sprechen, wie die Zeitlichkeit unsers Daseins wahrgenommen und angenommen werden kann, wenn sie im Glauben als Umfangensein von Gottes Ewigkeit erfahren wird.

Vorschläge zur Liturgie

Lieder
EKG 349,1–5 (Evangelisches Gesangbuch, 450); EKG 197,1–4 (EG 302); Er weckt mich alle Morgen, 1–5 (EG 452); 228,3 (EG 321); 327,1–4 (EG 528); 254,5–7 (EG 400) oder 255,1+8 (401) 190,3+4 (EG 295)

Eingangspsalm
Ps 119,41; 33–37b; 41

Psalmgebet
als Alternative zum Eingangspsalm
Gott
wende mein Herz weg
von all dem Eitlen
den Irrlichtern in unserer Welt.
Kaum brennen sie
erlöschen sie auch schon.
Gott
belebe meinen Weg
mit deinem Recht
der tiefen Aufmerksamkeit
der Ordnung des ewigen Lichts.
Amen.
(Sylvia Lutz, Gebete zu Psalmen, Kappeler Schriften Nr. 5/6, Kappel am Albis 1991, 141)

Eingangsgebet
Gott, unser Vater, unser Herz sehnt sich nach dir.
Es ruft nach dir.
Komme über uns mit deiner heiligen Liebe.
Wir haben uns verloren an die vergänglichen Dinge
und gestrebt nach dem, was doch nicht hilft.
Wir haben gelebt, als wärest du nicht,
und haben unsere Tage vertan wie ein Geschwätz.
Wir haben vieles gewollt
und dabei versäumt, was not ist.
Erwecke uns, daß wir uns aufmachen
auf den Weg zu dir.
Laß uns still werden vor dir,
denn du bist unsere Hilfe.
Amen.
(nach: ZGP 3/92 LT 1)

Schriftlesung
Matthäus 6,25–34

Nach der Predigt
Du Gott des Lebens,
führe uns hinein
in deine Fülle
und schenke uns die Kraft,
im Gegenüber zu dir
göttlich zu handeln.

Laß uns festhalten
an der Hoffnung,
daß das Dunkel des Grabes
der Ort ist, wo wir auf das Licht warten.

Laß uns festhalten
an der Gewißheit,
daß wir mitten in tödlicher Herrschaft
vom Leben umfangen sind.

Laß uns festhalten
am Vertrauen,
daß du uns mit schöpferischer Kraft begabt hast,
Leben zu bewahren.

Laß uns festhalten
an der Auferstehungshoffnung,
daß wir in der Nähe zu dir
die Kraft und Liebe
zum gerechten Tun gewinnen.

Du Gott des Lebens,
führe uns hinein
in deine Fülle
und schenke uns die Kraft,
im Gegenüber zu dir
göttlich zu handeln.
(nach: Heidi Rosenstock/Hanne Köhler, Du Gott, Freundin der Menschen, Kreuz-Verlag, Stuttgart, 1991)

Fürbittengebet
Laßt uns beten zu Gott, der in Jesus seine Liebe offenbart hat,
laßt uns rufen: Herr, erbarme dich.
Für alle, die das Warten aufgegeben haben und sich auf einen unveränderlichen Alltag eingestellt haben, daß sie sich neu auf den Weg machen, in ihrem Leben deine Spuren zu suchen.
Für sie rufen wir zu dir: Herr, erbarme dich.
Für alle, die müde geworden sind in ihrem Leben: für Mütter und Väter, die sich aufzehren in Mühe und Arbeit für ihre Familien, für Menschen, die unter schwierigen und gescheiterten Beziehungen leiden. Für Menschen, die Zeit und Kraft opfern für andere, daß sie deine Nähe spüren und neuen Mut gewinnen.
Für sie rufen wir zu dir: Herr, erbarme dich.
Für alle, die enttäuscht und resigniert sind, weil ihr Eintreten für eine bessere Welt scheinbar wirkungslos bleibt. Für die Menschen, die beharrlich für die Bewahrung deiner Schöpfung kämpfen. Für die Menschen, die sich für den Frieden einsetzen, ganz besonders in ..., daß sie den Glauben an deine Friedensverheißungen und deine Segenszusage nicht verlieren. Für alle, die als Regierende Verantwortung tragen für Frieden und Gerechtigkeit, daß sie ihrem Auftrag gerecht werden und nach deinem Willen handeln.
Für sie rufen wir zu dir: Herr, erbarme dich.
Wir beten für uns, weil wir oft ohne Hoffnung, müde und enttäuscht sind. Stärke uns und mache uns bereit, zu erwarten, was du uns zugesagt hast, einen neuen Himmel und eine neue Erde, eine unvergängliche Zukunft für die ganze Schöpfung. Tröste und ermutige uns in unserer Angst vor dem Tod. Schenke uns deinen Geist, daß auch durch uns Zeichen deiner Nähe sichtbar werden in der Welt.
Für uns rufen wir zu dir: Herr, erbarme dich.

Vorschläge zur Predigt

Möglicher Anfang
Die Zeit ist kurz. Zusammengedrängt die Frist, die noch bleibt bis zum Ende. Nichts wird bleiben, wie es ist. Die Gestalt, das Wesen dieser Welt vergeht. Alles wird anders, wird verwandelt werden.

In diesen Wochen spüren wir es ganz deutlich: Das Jahr geht seinem Ende entgegen. Ohne unser Zutun geschieht dies, und wir können es nicht aufhalten. Wir können die Blätter nicht daran hindern, sich zu färben und von den Bäumen zu fallen. Wir können am Abend die Dunkelheit nicht aufhalten, die von Tag zu Tag früher hereinbricht. Und auch daran können wir nichts ändern, daß wir älter werden und nicht jünger. Unumkehrbar ist die Richtung der Zeit. Jetzt ist Herbst – und nicht mehr lange, dann wird Winter sein. Ein Jahr vergeht. Nur noch kurz ist die Frist bis zu seinem Ende. Kurz, zusammengedrängt ist die Frist bis zum Ende. Jetzt, gegen Ende des Jahres, spüre ich stärker als sonst, daß mein eigenes Leben vergeht, die Zeit meines Lebens mit jedem Tag und jeder Stunde kürzer wird. Mehr als sonst wird mir bewußt, daß mein Leben begrenzt ist, begrenzt durch den Tod. Ich kenne die Stunde nicht – aber irgendwann wird sie da sein, nicht mehr aufzuhalten, das Ende *meines* Lebens. Ich überlege: Was würde in meinem Leben anders werden, wenn ich wüßte, wie lange mein Leben noch währen wird?
Als Peter Noll, Schweizer Jurist und Freund Max Frischs, von seinem Blasenkrebs erfuhr, begann er, sich fast täglich Aufzeichnungen zu machen, seine Empfindungen und Gedanken festzuhalten. Nach wenigen Wochen schreibt er über das, was sich für ihn verändert hat: »Die Zeit wird wertvoller, viel wertvoller als Geld, um auf den dummen Vergleich anzuspielen (Zeit ist Geld) ... die Zeit wird umso wichtiger, je klarer das Wissen um ihre Grenze ... Sehen wir das Leben vom Tode her, werden wir freier, vieles wird leichter, manches intensiver.« (Diktate über Sterben und Tod, 81ff.)

Zum weiteren Verlauf
Ja, wenn wir das Leben, die Welt einmal vom Ende aus betrachten, auch wenn dieses Ende noch aussteht, noch nicht da ist: Vieles rückt dann in ein anderes Licht. Da wird deutlich, wofür wir Tage, Wochen und Jahre hingegeben haben, was unsere Zeit und Energie am stärksten in Anspruch genommen hat. Wir erkennen, was unsere Kräfte und Möglichkeiten über lange Zeit gebunden, was uns blockiert und aufgerieben hat.

Hier können Beispiele eingefügt werden:
Da war der Bau des Hauses. Was wurde dafür buchstäblich geopfert: Wochenende für Wochenende, ungezählte Stunden, Abende, Urlaubstage. Viel Zeit, viel Phantasie ist hineingeflossen in die Planung und in die Arbeiten. Und was dabei herausgekommen ist, kann sich wirklich sehen lassen. Aber was ist alles verloren gegangen in dieser Zeit ...
Oder der Beruf. Die Zeit, die wir in Sitzungen verbracht haben, lange Diskussionen ...
Nein, es geht nicht darum, alles noch einmal daraufhin zu überprüfen, ob wir unsere Zeit auch effektiv genutzt, ausgenutzt haben. Ob wir nicht vieles

hätten klüger anstellen können. Nein, vielmehr: Wo haben wir uns in Dingen, in Nebensächlichkeiten verloren, waren wir verstrickt in Alltagsgeschäfte, haben Verzichtbares für notwendig, Zweitrangiges für vordringlich gehalten? Wo haben wir gerade, weil wir Zeit ausnutzen wollten, Chancen verspielt, Zeit nicht als Lebenszeit wahrgenommen? Wo haben wir uns selbst und andere Menschen behandelt wie Sachen, haben versucht, lebendige Beziehungen einzufrieren, um festzuhalten, was nicht festzuhalten ist? Wo hätten wir verschwenderischer Aufmerksamkeit und Zuwendung schenken können – wenn doch die Vergänglichkeit jedem Augenblick seine eigene Würde verleiht?

Ja, wir werden freier, vieles wird leichter, manches intensiver – wenn wir wie Paulus die Welt von ihrem Ende her ansehen. »Die Zeit ist kurz ... Das Wesen dieser Welt vergeht.« Die Dinge, die für uns die Welt ausmachen, sind nichts Ewiges, nichts Letztes. Das, woran wir uns klammern, was wir gerne festhalten möchten – es vermag uns nicht zu halten. Was wir an Eigentum erworben haben, Gegenstände, die uns ans Herz gewachsen sind, sie bleiben nicht. Schon ein Umzug, der uns dazu zwingt, vertraute Räume zurückzulassen, gibt uns einen Vorgeschmack davon. Alles, was wir haben oder vielleicht auch nur zu haben meinen, vergeht. Schmerzhaft, das zu erkennen und anzunehmen. Aber auch befreiend ...

Denn in allem, was vergeht, auch in der Vergänglichkeit unseres eigenen Lebens, sind wir gehalten. Gehalten von Gott, der unvergänglichen Quelle des Lebens. Umfangen sind wir von der Macht, aus der alles Leben herkommt, die Leben schenkt, verwandelt und erneuert. Der Gegenmacht gegen allen Zerstörungswillen unter uns Menschen, gegen alle Apparate, die offen oder versteckt dem Tod Götzendienst leisten. Umfangen sind wir von Gott, der uns in Christus sein Angesicht zuwendet und uns zuspricht: »Ich lebe und ihr sollt auch leben« (Joh 14,19). Gott ist unsere Zukunft, das Unvergängliche, das Ziel allen Vergehens: ewiges Leben, Gottes Ewigkeit, uns eröffnet durch Jesus Christus, der spricht: »Ich bin das A und das O, der Erste und der Letzte, der Anfang und das Ende« (Offb 22,13).

Unser zerbrechliches, vergängliches Leben: umfangen und schon durchdrungen von Gottes Ewigkeit. Wo uns das zur lebendigen Gewißheit wird, uns wirklicher Glaube geschenkt wird – da können wir tatsächlich haben, als hätten wir nicht ... Dinge gebrauchen, ohne selbst am Ende von ihnen verbraucht zu werden. Situationen und Lebensverhältnisse ernstnehmen, ohne uns von ihnen aufzehren zu lassen. Wir werden Wege suchen, den Alltag zu bewältigen, ohne uns an Nebensächliches zu verlieren. Anteil zu nehmen, ohne aufzugehen in der Sorge um Vordergründiges. Abstand zu gewinnen – und dadurch frei werden für andere. Uns Menschen zuwenden, ohne sie an uns und uns an sie zu fesseln. Uns mit den Fröhlichen freuen und mit den Weinenden weinen, im Vertrauen auf das Versprechen, daß Gott alle Tränen abwischen wird von den Augen derer, die Leid tragen. Dunkles und Schweres werden wir nicht von uns wegschieben, sondern

mithelfen, Lasten zu tragen – in der Gewißheit, daß wir nicht allein sind ...
»Denn die Ewigkeit, sie gibt Füße, darauf zu gehen« (S. Kierkegaard) ...

Möglicher Schluß

Liebe Gemeinde, so sehr wir uns auch anstrengen, immer wird es nur Stückwerk sein, was wir in unserem Leben hervorbringen. Ja, unser Leben selbst bleibt ein Fragment. Wir werden nichts vollenden. Und wir brauchen auch nichts zu vollenden. Was wir können, wozu Paulus Mut macht: unsere Begrenztheit annehmen, jetzt leben, jetzt da sein, wach und aufmerksam, andere und uns selbst wahrnehmen – in dem Licht, das von Gottes Zukunft in unsere Welt hineinleuchtet. Aus Glauben leben. Immer wieder um Glauben bitten und uns Glauben schenken lassen von Gott. Uns ausstrecken nach Gottes Ewigkeit, nach der Herrlichkeit, in der alles aufgehoben sein wird, was mißlungen ist in unserem Leben, was unser Leben schwer gemacht hat, aber auch all unsere Freude, all das Gute, das wir erfahren haben und tagtäglich erfahren. Auf Christus sehen, der uns vorangegangen ist auf dem Weg durch den Tod in das Leben Gottes. »... jeden Tag ... leben als wäre es der letzte und zugleich der erste in einem langen Leben« (S. Kierkegaard). Und mit Worten von Wolfdietrich Schnurre: »Abrufbar sein. Dennoch den Tag als Ewigkeitspartikelchen sehen.«
Unser Leben ist Leben in zusammengedrängter Zeit, befristet und vergänglich. Aber wo dieses begrenzte Leben erfüllt wird von Liebe, da ist Gott nicht fern. Da geht Gottes Ewigkeit ein in die Frist unserer Stunden und Tage, gibt ihnen göttlichen, unverlierbaren Glanz. So verwandelt Gott jetzt schon unser Leben. Im Vergehenden läßt uns Gott den Vorschein des Zukünftigen erkennen, den Vorschein eines neuen Himmels und einer neuen Erde. Auch unser Leben ist dazu bestimmt, Anteil zu haben an Gottes Zukunft. Gott wartet darauf, daß wir ihn beim Wort nehmen, daß wir uns anvertrauen der Macht seiner Liebe, im Leben wie im Sterben.

Kontexte

Denn die Ewigkeit, sie gibt Füße, darauf zu gehen.
(S. Kierkegaard, Christliche Reden, 1848, in: Ges. Werke, hg. E. Hirsch u. H. Gerdes, 20. Abt., GTB 618, Gütersloher Verlagshaus, Gütersloh 1984)

Ich glaube, wir sollen Gott in unserem Leben und in dem, was er uns an Gutem gibt, so lieben und solches Vertrauen zu ihm fassen, daß wir, wenn die Zeit kommt und da ist – aber wirklich erst dann! auch mit Liebe, Vertrauen und Freude zu ihm gehen. Aber – um es deutlich zu sagen –, daß ein Mensch in den Armen seiner Frau sich nach dem Jenseits sehnen soll, das ist, milde gesagt, eine Geschmacklosigkeit und jedenfalls nicht Gottes Wille. Man soll Gott in dem finden und lieben, was er uns gerade gibt; wenn es Gott gefällt, uns ein überwältigendes irdisches Glück genießen zu lassen, dann soll man nicht frömmer sein als Gott und dieses Glück durch übermütige Gedanken und Herausforderungen und durch eine wildgewordene religiöse Phantasie, die an dem, was Gott gibt, nie genug haben kann, wurmstichig werden lassen.

Gott wird es dem, der ihn in seinem irdischen Glück findet und ihm dankt, schon nicht an Stunden fehlen lassen, in denen er daran erinnert wird, daß das Irdische nur etwas Vorläufiges ist und daß es gut ist, sein Herz an die Ewigkeit zu gewöhnen ...
(Dietrich Bonhoeffer, Widerstand und Ergebung, © Chr. Kaiser/Gütersloher Verlagshaus, Gütersloh)

Welche Weisheit soll das Denken an den Tod vermitteln? ... Die Zeit wird wertvoller, viel wertvoller als Geld, um auf den dummen Vergleich anzuspielen (Zeit ist Geld). Zeit ist alles, Geld ist nichts ... Für alle, die genug Geld haben, ist Geld nur Symbol und Fetisch. Dafür wird die Zeit umso wichtiger, je klarer das Wissen um ihre Grenze ...
Sehen wir das Leben vom Tode her, werden wir freier, vieles wird leichter, manches intensiver. Etwas zum letztenmal sehen ist fast so gut, wie etwas zum erstenmal sehen ...
Das Verhältnis zu den anderen wird anders. Daran kannst du so kurz vor dem Tode nicht viel ändern. Aber vorher.
... Geduldiger werden, wo du zu ungeduldig warst, ruhiger, wo du zu unruhig warst, offener und härter, wo du zu nachgiebig und anpassungswillig warst.
... man hört auf, den Dingen nachzurennen; man wird genügsamer, zugleich obstruktiver, man läßt sich nichit mehr einspannen, vermarkten, verterminieren, bis der Terminkalender voll ist.
(Peter Noll, Diktate über Sterben und Tod, © pendo-Verlag, Zürich)

Nur wo ein Mensch sich auf die Begrenztheit einläßt, kann er auch das in etwa Zustandegebrachte gut sein lassen, sehen lassen, es dieses bestimmte und besondere sein lassen ... Doch wohl nur gelassen und vertrauend auf das Nichtvergebliche, vielmehr Unvergängliche der Wahrheit und der Liebe, also Gottes, kann einer seine eigene Begrenztheit annehmen und an ihr arbeiten und so, ohne Flucht, im Jetzt der Gegenwart leben.
(Traugott Koch, Mit Gott leben, J.C.B. Mohr (Paul Siebek), Tübingen 1989)

Abrufbar sein. Dennoch den Tag als Ewigkeitspartikelchen sehen.
(Wolfdietrich Schnurre, zit. nach T. Koch, a.a.O., 360)

21. Sonntag nach Trinitatis

Predigttext: Jeremia 29,1.4–7.10–14

Hans Jürgen Benedict

Theologisch-homiletische Skizze

Ich schreibe diese Predigthilfe im Monat Juli des Jahres 1993. Das neue Asylverfahrensgesetz ist in Kraft, die Maschinerie zur Abschottung der Risse zeigenden Wohlstandsfestung Deutschland beginnt langsam aber sicher zu mahlen. 30 Flüchtlinge auf dem Frankfurter Flughaben haben ihren Hungerstreik abgebrochen. In Niedersachsen sind die Gefängnisse mit Abschiebehäftlingen überfüllt. Die Zahl einreisender Flüchtlinge nimmt ab, die der Abschiebungen nimmt zu. Die aus der Versöhnungskirche im ehemaligen KZ Dachau herausgeekelten Roma campieren jetzt in Kehl, um beim Europaparlament in Straßburg Unterstützung für ihren Kampf für ein Bleiberecht zu erreichen. Sie erwägen eine Klage vor dem europäischen Gerichtshof gegen die drohende Abschiebung in die ehemalige jugoslawische Teilrepublik Makedonien. Nur zu gerne würden sie das wahrnehmen, was der Prophet Jeremia den deportierten Israeliten in seinem Brief nach Babylon empfiehlt: Sich hier häuslich niederzulassen, zu heiraten, im fremden Land ganz normal zu leben, sich an den öffentlichen Angelegenheiten zu beteiligen und für die Stadt zu beten. Sicher – die Ausgangslage ist eine andere. Die Asylbewerber und die Roma bei uns sind nicht mit Gewalt deportiert worden. Andererseits waren Gewaltstrukturen der Grund für ihre Flucht – Verfolgung, Diskriminierung, Hunger, Krieg und Elend. Sie wollen anders als die Exulanten im Jahre 596 v. Chr. nicht unbedingt zurück in ihr Heimatland (vorerst jedenfalls nicht). Sie suchen hier eine vorläufige Heimat, wollen nicht mehr wie die Roma in ganz Europa auf der Flucht sein.

Also: der Brief Jeremias geht nicht an sie, nein, sie könnten ihn selbst geschrieben haben. An wen? An die Politiker unseres Landes, an uns das Volk als den politischen Souverän. »Alle Gewalt geht vom Volke aus.« In unserem Namen ist der Art. 16,2 des GG abgeschafft worden. Klagen über die Folgen dieser Abschaffung sind also auch an uns adressiert. Die Aktionen der Roma in Neuengamme, Dachau und Kehl ebenso wie der Hungerstreik auf dem Frankfurter Flughafen sind an uns und die Politiker gerichtet. Sie sind ein inständiger Appell mit der Bitte um Bleiberecht und Aufnahme. Bleiberecht, großzügige Regelung der Zuwanderung nach Deutschland – das entspricht der Erfahrung bzw. der Zumutung, die in dem Jeremia-Brief ausgedrückt ist: Selbst wo ihr fremd seid, wo Feindesland ist, da könnt ihr mit Gott und mit den fremden Menschen leben. Auch sie sind Gottes Kinder. Auch dies ist Gottes Land. Ihr könnt als Menschen mit den Menschen, als Fremde mit den Fremden zusammenleben, friedlich – schiedlich, orientiert sogar am gemeinsamen Besten einer Stadt, in der ihr lebt. Jeremias Brief ist ein Plädoyer für multikulturelle Koexistenz. »Gottes ist der Orient, Gottes ist der Okzident. Nord- und südliches Gelände ruhn im Frieden seiner Hände« (Goethe, West-Östlicher Diwan). Wenn dieser Predigttext dran ist, Ende Oktober 1994, ist hoffentlich die Diskusison um ein Zuwanderergesetz schon einen großen Schritt weitergekommen, ebenso wie die Regelung für die doppelte Staatsbürgerschaft und das Wahlrecht für die AusländerInnen. Suchet der

Stadt Bestes, das geht nur offensiv gegen das Klima der Fremdenfeindlichkeit und der Ausgrenzung in unserem Land. Der Gottesdienst mit einem solchen multikulturellen Text ist zwar ein kleines Glied in der Kette neuer Solidarität, die von uns allen gefordert ist – Menschen anderer Länder und Kulturen zu helfen, daß sie bei uns so leben können, wie der Brief des Jeremia es den Israeliten werbend ans Herz legt. Vielleicht sollten wir ein paar Wochen vor dem Gottesdienst einen Brief an die AsylbewerberInnen in der nahen Unterkunft schreiben und erklären: Was uns betrifft, so könnt und sollt ihr so bei uns leben, wie es der Brief des Jeremia beschreibt. Oder wir könnten im Gemeindebrief den Jeremiabrief veröffentlichen und fragen: »Was wollt ihr dafür tun, daß Exulanten bei uns so leben können?« Es wäre zu schade, wenn dieser Brief nur der kleinen Schar von älteren Gottesdienstbesuchern zu Gesicht käme, die ich vor Augen habe.

Vorschläge zur Liturgie

Eingangspsalm

Als Eingangspsalm würde ich statt des vorgesehenen Psalm 19,10–15 den Psalm 126 (Der Herr erlöst seine Gefangenen) wählen, weil er das Thema Gefangenschaft und Erlösung bzw. Asyl und Asylverweigerung ausdrücklich thematisiert.

Lesungen

Epistel

Zu Epheser 6,10–17 würde ich darauf hinweisen, daß die frühe Christenheit die Bilder der geistlichen Waffenrüstung so drastisch benutzen konnte, weil sie des Militarismus ganz unverdächtig war.

Evangelium

Aus der Evangeliumslesung Matthäus 5,38–48 könnten besonders die Verse 38–42 auch als Standbild gestellt werden, von einer Konfirmanden- oder Jugendgruppe, vielleicht sogar vom Kirchenvorstand, der in der dem Gottesdienst vorhergehenden Sitzung statt der einleitenden Bibellesung sich eine Stunde bibliodramatisch mit diesem Text beschäftigt hat. Dabei gibt es zwei verschiedene Vorgehensweisen:

Entweder einen Vers (z.B. Vers 39) von allen darstellen lassen, das ergäbe eine Galerie, oder die vier Handlungen des Abschnitts Vers 39–42 nebeneinanderstellen. Nachdem die Bilder stehen, mehrmals den einen Vers oder die Versgruppe dazu vorlesen.

Lieder

Als Lied nach der Lesung paßt gut das Original »I want to lay down my burden, down by the Riverside« oder als Überleitung zum Thema der Predigt »Komm, bau ein Haus, das uns beschützt«.

Fürbitten
Das Fürbittengebet würde ich als *Dank*gebet beginnen lassen. Als Dank dafür, wie Gemeindeglieder aus Flüchtlingen zu Integrierten wurden, eine neue Heimat fanden und all das tun konnten, was Jeremia den Exulanten empfiehlt. Als Fürbitte würde ich erstens die Situation der Gastarbeiterfamilien im Gebet vor Gott bringen, ihre Wünsche nach persönlicher Anerkennung und voller politischer Teilhabe. Und zweitens die Lage der Flüchtlinge und AsylbewerberInnen: Verständnis für ihre Fluchtgründe, Erwägung der schwierigen Situation hier bei uns, die Angst vor Anschlägen und die Hoffnung auf baldige Anerkennung und drittens würde ich noch einmal kurz unsere Möglichkeit zu Aufnahme und Integration nicht als Appell sondern wirklich als von Gott geschenkte Möglichkeit thematisieren.

Vorschläge zur Predigt

Möglicher Predigtanfang
Einige von uns haben den Brief des Jeremia, den wir gerade gehört haben, schon einmal erhalten. Ich meine die Flüchtinge unter uns, die nach dem Kriege, vertrieben aus den Ostgebieten, nach Flucht und Vertreibung sich hier in Hamburg eine neue Existenz aufgebaut haben. Leicht war das nicht in den harten Jahren der Nachkriegszeit, irgendwo auf kleinstem Raum mehr schlecht als recht untergebracht. Die Hamburger hatten ja selbst viel zu wenig Wohnungen. Mit den Gedanken bei dem, was man zurückgelassen hatte und wohin man hoffte zurückzukehren. Unmöglich schien es manchmal, hier in der Fremde Fuß zu fassen, sich häuslich einzurichten, normal zu leben, eine zweite Heimat zu finden, aber es ging doch. Sie, die Flüchtlinge, haben damit die Erfahrung gemacht, die Gott den Israeliten zumutet. Auch im fremden Land bin ich bei euch. Auch im fremden Land könnt ihr beten und arbeiten, denn ich bin auch der Gott dieser Menschen und dieses Landes.
Doch auch die einheimischen Hamburger haben diesen Brief schon einmal erhalten. Die Hamburger, die damals lernen mußten, die Flüchtlinge aufzunehmen und mit ihnen zusammenzuleben. Auch ihnen ist etwas zugemutet worden. (In unserer kleinen Wohnung wurde Frau Dau mit ihrer Tochter einquartiert. Wir rückten enger zusammen, verkauften das Klavier und siehe da, es ging, obwohl es zunächst wie eine mittlere Katastrophe aussah.) Die gleiche Erfahrung haben wir gemacht, als 1989 hunderttausende von Übersiedlern aus der ehemaligen DDR zu uns kamen. Und jetzt haben wir noch einmal, zum dritten Mal, diesen Brief des Jeremia erhalten. Jeder Flüchtling und Asylbewerber kommt mit dem Ansinnen dieses Briefes zu uns: er möchte eine Zuflucht finden, sich häuslich einrichten und mit uns gemeinsam für die Zukunft unserer Stadt arbeiten und auf seine Weise

auch beten. Es sind zunächst die Gastarbeiterfamilien, die hier schon längst eine zweite Heimat haben neben ihrem Herkunftsland. Sie leben hier mit uns seit Jahren und sind doch Bürger zweiter Klasse geblieben, ohne Staatsbürgerschaft und Wahlrecht, äußerlich akzeptiert, aber doch leidend unter dem Rassismus des Alltags: von herabsetzenden Bemerkungen und scheelen Blicken bis hin zu Brandanschlägen und Morden. Und es sind 2. die Asylbewerber, die seit der deutschen Einigung in Furcht und Schrecken hier leben. Das Stammtischgerede der Eltern, die Abschottungsstrategie der offiziellen Politik und die zuschlagende Gewalt der Jugendlichen haben unser Land zum Gegensatz von dem gemacht, was es sein sollte: Zufluchtsort für Verfolgte. Jedes Wochenende Brandanschläge auf Asylbewerberheime, tätliche Angriffe gegen Flüchtlinge.

Zum weiteren Verlauf

Der Brief des Jeremia an die Exilierten, die sich nicht anpassen wollen in Babylon, ist eine Botschaft an uns heutige Babylonier: Laßt Einwanderung mit allen Konsequenzen zu, mit Staatsbürgerschaft und Wahlrecht. Verhaltet euch wenigstens so, wie die Babylonier vor 2.500 Jahren, die den Juden ja offensichtlich zugestehen wollten, was Jeremia seinem Volk empfiehlt.

Ein weiterer Gedanke: Arbeitet mit für das, was Gott durch Jeremia den Exilierten sagen läßt: »Ich will eure Gefangenschaft wenden und euch wieder an den Ort bringen, von wo ich euch habe wegführen lassen« (Vers 14). Das heißt: arbeitet mit dafür, daß in den Herkunftsländern der Flüchtlinge bessere Verhältnisse hergestellt werden, so daß die Flüchtlinge wieder zurückkehren können, wenn sie wollen. Eine andere Möglichkeit bestünde darin, auf die Rückkehrforderungen der Landsmannschaften einzugehen, und die sehr geringe Rückkehrbereitschaft der Sudetendeutschen und Schlesier zu erwähnen. Möglich wäre auch zu fragen, was heißt heute für die Flüchtlinge die Zusage: »Ich weiß wohl, was ich für Gedanken über euch habe. Gedanken des Friedens und nicht des Leides«. Diese Verheißung einerseits und der Status der Flüchtlinge bei uns andererseits zeigen: Gott braucht uns, damit seine Gedanken des Friedens wahr werden, Fleisch und Blut bekommen. Die Friedensverheißung Gottes braucht unsere Gastfreundlichkeit. Das ist nicht einfach in einer Konkurrenzgesellschaft, in der viele Deutsche selbst Mühe haben sich zu behaupten. Aber das ist kein Grund, sich aggressiv gegenüber den Schwachen zu verhalten. Wenn aggressiv, dann gegen die Verursacher des Elends, das Flüchtlinge und soziale Diskriminierung produziert. Und engagiert gegen die Politiker, die meinen, uns das Elend aus der 3. Welt vom Leibe halten zu können. Unsere ökumenische Verantwortung verpflichtet uns weiter zu Aufnahmebereitschaft bis hin zur Gewährung von Kirchenasyl für solche, die abgeschoben werden sollen (hier könnte man Beispiele nennen und die Tradition des Asyls erklären).

Möglicher Schluß

Es ist deutlich geworden, der Brief des Jeremia hat aktuelle politische Bedeutung, wenn wir uns als die Babylonier und die jüdischen Exilierten als die bei uns schutzsuchenden Flüchtinge interpretieren. Ein Brief also an uns, der uns zutraut, Menschen aufzunehmen und sie hier leben und arbeiten zu lassen. Wir sind aufgerufen, mit unseren schwachen Kräften Gottes Gedanken des Friedens Gestalt zu geben.

22. Sonntag nach Trinitatis

Predigttext: Römer 7,14–25a

Hellmut Mönnich

Theologisch-homiletische Skizze

Der vorgeschlagene Text aus Röm 7 gehört zu den wirklich schwer verständlichen Passagen im Römerbrief. Deshalb ist es nötig, sich mit diesem Text nicht erst im letzten Moment auseinanderzusetzen. Und deshalb habe ich die Ergebnisse der Auslegungen auch noch einmal rekapituliert. Vorher aber gilt es eine Entscheidung zu treffen: In diesem Jahr fällt der Gedenktag der Reformation auf den Tag nach dem 22. Sonntag nach Trinitatis. Damit ist zu überlegen, ob nicht die *Reformation* Thema des Gottesdienstes am 22. Sonntag nach Trinitatis sein soll. Das ist durchaus mit dem Predigttext Röm 7,14–25a möglich. Als Alternative denkbar ist aber auch, statt einer Predigt *Luthertexte* selbst sprechen zu lassen. Vorschläge dazu s.u. im Abschnitt zur Liturgie.

1. Paulus wollte sich mit seinem Schreiben der Gemeinde in Rom als Apostel vorstellen. Was und wie er predige, sollte die Gemeinde wissen, bevor er selbst käme. Und dazu stellte er das Evangelium mit dem entscheidenden Inhalt: der *Gerechtigkeit Gottes für jeden, der glaubt,* dar, einschließlich seinem Verständnis der *Kreuzigung als Sühnetod Christi.* Im Rahmen dieser Darstellung hatte Paulus in dem unserem Predigtabschnitt vorausgehenden Kap. 6 festgestellt, daß die Glaubenden aufgrund der Teilhabe am Sündetod Christi »nicht unter dem Gesetz, sondern unter der Gnade sind« (6,14). Damit ist das Stichwort Gesetz genannt, mit dem in 7,13–25a »die Wirklichkeit der Herrschaft des Gesetzes in mir« (Wilckens, Komm.) bedacht wird. Indem Paulus auf das Gesetz (also die thora, den nomos) eingeht, geht er auf die grundsätzliche Frage jüdisch Glaubender ein, nämlich die Frage, welche Bedeutung das Gesetz für ihn selber habe. D.h., die Ausführungen des Paulus sind aus seinem Dialog mit der Synagoge, mit jüdischer Theologie wie mit Judenchristen her zu verstehen. 7,1 bringt Paulus die Frage auf den Punkt: »Ist das Gesetz Sünde?« Seine Antwort mit einem Wort: »Keineswegs«. Es geht Paulus also in 7,7–25a »um die Widerlegung des Vorwurfs der abrogatio legis. In zwei parallelen Gedankenreihen legt Paulus dar, daß das Gesetz zwar faktisch in seinem Wirken auf die Sünde fixiert, nicht aber mit ihr identisch ist (7,7–12). Denn das Gesetz ist geistlich, die Sünde aber fleischlich, sodaß der Unterschied zwischen Gesetz und Sünde sich im Innern des Sünders selbst als Gegensatz zwischen seinem Wollen und seinem faktischen Tun auswirkt (7,13–25) (Wilckens, Komm.). Genauer: Der in 13b zunächst überschriftartig zusammengefaßten, in 24 in einen Verzweiflungsausbruch mündenden Sachlagenbeschreibung 14–23 stellt Paulus unvermittelt und in entscheidend neuer Blickrichtung die Dankformel 25a gegenüber: Niemand anders als Gott selbst konnte und hat den unter dem Gesetz unrettbar Verlorenen gerettet. Deshalb »Dank sei Gott«. M.a.W.: Der Dank in 25a ist der Ausgangspunkt, von dem her der »Ich«-Bericht in den Aussagen bis 24 zu verstehen ist, von dem her sich wiederum »das Bild des für mich aussichtslosen Streits zwischen meinem Wollen und meinem Tun, zwischen dem Gesetz meiner Vernunft und dem anderen Gesetz der Sünde in meinen Gliedern« ergibt (Wilckens, Komm.).

2. *Zur Terminologie: Gesetz*/thora/nomos ist (neben dem Begriffsgebrauch von Gesetz in anderer Bedeutung) Gottes Wille und Weisung zum Leben und Heil (u.a. 7,7), »heilig, gerecht und gut« (7,12). »Dieser Wille Gottes aber ist zum tödlichen Buchstaben für die Menschen geworden, weil sie schon immer von der Sünde beherrscht sind, wenn sie dem Gestz begegnen. Die Sünde bedient sich des Gesetzes, um mit seiner Hilfe ihre Macht zu steigern« (Lohse, Theologie). *Sünde* ist bei Paulus (in apokalyptischer Anknüpfung) nicht die einzelne Tatsünde, sondern kosmische Macht, die die Menschheit in ihrer Gewalt hat (5,12). Sünde ist »Feindschaft gegen Gott (Röm 8,7), in der sich die Menschen immer schon vorfinden; die (Sünde) ist daher das selbstmächtige Wollen des Menschen, dessen Begierde sich gerade an Gottes Gebot entzündet« (Lohse, Theologie). Indem nun Christus gehorsam blieb bis zum Tod am Kreuz, hat er die Sünde bezwungen (8,3; 5,19).
3. »Der Schüssel zum Verständnis unseres Abschnitts ist also die Einsicht, daß sein Thema das *Gesetz* ist, genauer: Das Verhältnis zwischen Gesetz und Sünde, Gesetzeserkenntnis und Gesetzesbruch, und sein Skopos: die »Schwäche« des Gesetzes (8,3), Sündern das Leben zu vermitteln und die entsprechende Unfähigkeit des Sünders, aus dem Gesetz gerecht zu werden. Das Thema als solches heißt nicht: Ich, und der Skopos nicht: Der Mensch im Widerspruch.
Zwar kann vom Gesetz hermeneutisch nur aus je persönlicher Betroffenheit gesprochen werden, in der ersten Person Singular. Aber es geht thematisch nicht um die Struktur je meines Verhältnisses zu mir selbst, weder um eine Psychologie der Sünde noch überhaupt um eine Anthropologie des Sünderseins. Es geht vielmehr – sowohl dem jüdischen Einwand als auch seiner paulinischen Bestreitung –, indem es um das *Gesetz* als Gesetz Gottes geht, um *Gott* – und um die Verfehlung des Heilsverhältnisses zu ihm sub lege ... darum mündet der Abschnitt in den elementaren Schrei nach Gott aus ... so zu schreien ist aber nur dem möglich, der das Wunder der in Christus geschaffenen Rettung Gottes erfahren hat« (Wilckens, Komm.).
4. Die deutschen Begriffe für das von Paulus im Predigttext Gemeinte wie *Gesetz, Sünde* sowie im Briefkontext *Sühnetod, Fleisch, Gerechtigkeit Gottes* und *Rechtfertigung* sind nicht nur für kirchlich wenig geprägte Predigthörer schwer oder nicht verständlich. Und das gilt auch für Paulus' Auseinandersetzung um die Funktion des Gesetzes und um die Rechtfertigungsbotschaft. Es ist nicht neu festzustellen, daß im heutigen Denken die in der Rechtfertigungsbotschaft vorausgesetzte Verantwortung vor Gott im Gericht kaum mehr vorstellbar ist, ja, sinnlos geworden scheint. Stattdessen wird sehr grundsätzlich gefragt, ob Gott überhaupt »ist«. Und: Nicht Rechtfertigung vor Gott, sondern Selbstverwirklichung sei das Ziel des Lebens, die im Erreichen selbstgesteckter Ziele, in Leistung oder lustvollem Leben bestehe. Was kann angesichts des Skizzierten gepredigt werden? Wer sich entschließt, diesen wahrlich nicht »leichten« Text zu predigen, mag ihn von 7,25a und 24 per predigen – und evtl. auch nur 7,24.25a lesen. Ich habe es so versucht in einer dörflichen Gemeinde am Rand einer Großstadt mit eher älteren Predigthörern, die duchaus bereit sind, sich und ihr Glaubensverhältnis zu Gott kritisch zu bedenken. Um Elementares geht es dann: Um Gott – und um mich und Gott.

Vorschläge zur Liturgie

Lieder

EKG 205 (VE 239), EKG 232 (VE 319), EKG 258 (VE 398), EKG 195 (VE 294). EKG 54 (VE 75), EKG 59 (VE 78), EKG 250 (VE 345)

Eingangspsalm
143 (2; 1.8.10)

Lesungen
Altes Testament: Micha 6,6–8, evtl. mit Präfamen: Es ist nicht schwer, zu wissen, was Gott will. Der Prophet Micha hat in drei Worten zusammengefaßt, was Gott will.
Epistel: Philipper 1,3–11, evtl. mit Präfamen: Der Philipperbrief beginnt mit einem Dankgebet. Darin kennzeichnet Paulus die Situation des Christenmenschen: Er ist auf den Weg Gottes gebracht, den er nun im Vertrauen und in Liebe gehen kann.
Evangelium: Matthäus 18,21–35, evtl. mit Präfamen: Zu unserem Leben gehört auch dieses: Wir werden schuldig und wir brauchen Vergebung. Jesus macht mit einem Gleichnis deutlich: Wem Gott vergibt, der wird selbst bereit sein, zu vergeben. (Formulierungen nach F. Duensing, P. v. d. Osten-Sacken, Präfamina, Hannover 1980)

Gebet des Tages
Gott, du unser Vater, du nimmst uns so, wie wir sind, mit allen unseren Schwächen, mit unseren Fehlern, mit unserem Versagen, mit unserer Schuld.
Wir danken dir dafür.
Wir bitten dich nun: Laß uns hören und verstehen, was du uns sagen willst. Dein göttlicher Geist leite uns. Hilf uns zu leben in der Nachfolge Jesu Christi, deines Sohnes.

Fürbittengebet
Jesus, Sohn Gottes und Bruder der Menschen, du bist der Weg, der zum Vater führt, die Wahrheit, die uns befreit, das Leben, das uns selig macht; wir kommen zu dir mit unserem Dank und mit unseren Bitten, wir rufen zu dir: Herr, erbarme dich.
Wir bitten dich, einer für den anderen: Im Gewirr der Stimmen, das uns umgibt, hilf uns, daß wir dich hören, daß wir im Leben und im Sterben dir vertrauen und dir gehorchen, dir allein; wir rufen zu dir: Herr, …
Wir bitten dich für uns alle, die in dieser Welt gefangen sind, als ob es Gott nicht gäbe: Befreie uns durch dein Wort, daß wir lernen, Gott dankbar zu dienen an seinen Geschöpfen; wir rufen zu dir: Herr, …
Wir bitten dich für unsere Gemeinde, für unsere Kirche und die ganze Christenheit: Sei du unter uns gegenwärtig, daß wir als begnadigte Sünder den Menschen die Liebe Gottes bezeugen in Worten und Taten; wir rufen zu dir: Herr, …
Wir bitten dich für die unter uns, die besondere Verantwortung tragen, daß sie durch ihr Amt nicht von uns getrennt werden, sondern mit uns verbunden bleiben im gemeinsamen Dienst, von uns getragen als Brüder und Schwestern; wir rufen zu dir: Herr, …

Wir bitten dich für alle, die in der Welt für Recht und Frieden sorgen sollen, daß sie sich erinnern lassen an Gottes Gebot und ihre Pläne und Entscheidungen, ihren Umgang mit Macht und Gewalt daran ausrichten: wir rufen zu dir: Herr, ...
Wir bitten dich für die ganze Menschheit in ihrer Angst und ihrer Hoffnung: Bleibe du bei uns mit deinem Trost und deiner Weisung, daß wir dich bekennen vor den Menschen und zu Gott beten, wie du gebetet hast: Vater unser im Himmel ...
(aus: Chr. Zippert, Hg., Gottesdienstbuch. Gütersloher Verlagshaus, Gütersloh 1990)

Alternativer Gottesdienstentwurf

Luthertexte, etwa aus P. Karner, »Die Welt ist wie ein betrunkener Bauer«; aus den Tischreden Martin Luthers, Herder-Verlag ^{3}1983; Lutherbrief v. 27.6.1530 an Melanchthon; Aus dem Großen Katechismus 1529 »Was heißt ›einen Gott haben‹«; Vorrede zum 1. Band der Wittenberger Ausgabe der lat. Schriften im Jahre 1545 (Insel-Verlag; Martin Luther, Ausgewählte Schriften, hg. v. K. Bornkamm u. G. Ebeling u.a., Frankfurt a.M. 1982, I,22ff.); Brief v. 8.4.1516 an Spenlein, ebd. VI, 13ff.; Unterricht, was man in den Evangelien erwarten soll, 1522, ebd. II, 200ff.; Von der Freiheit eines Christenmenschen, ebd. I, 233ff. Solche Texte können kombiniert werden mit Lutherliedern wie EKG 182 (VE 274), EKG 195 (VE 294), EKG 201 (VE 356), EKG 98,2 (VE 126,2).

Vorschläge zur Predigt

Möglicher Predigtanfang
»Was habe ich da nur wieder gemacht?« kann es einem schon 'mal herausfahren. Nicht richtig laut und nicht unbedingt wörtlich so gesagt. Und nicht zu anderen gesprochen, sondern zu sich selbst gesagt und vielleicht mit einem Ton des erschreckten Staunens oder sogar des Erschreckens über sich selbst. »Was habe ich da nur wieder gemacht?«
Kennen Sie solche Situationen auch? Haben Sie etwas Ähnliches auch schon erlebt? Da hatte man sich vor einer Begegnung z.B. genau überlegt, was man sagen wollte und was man nicht sagen wollte und wie man schön ruhig bleiben wollte – und dann kam alles ganz anders. Hinterher kommt man sich vielleicht vor, als ob man sich selbst gar nicht richtig kennt. »Du Schaf«, sagt man vielleicht zu sich. Und: »Was hast du da nur wieder gemacht.« – Merkwürdige Wesen sind wir, »zum aus-der-Haut-fahren« manchmal! Ja, es gibt Situationen, in denen fragt man sich, ob man sich wirklich noch auf sich selbst verlassen kann. Weil man am Ende genau das Gegenteil von dem getan hat, was zu tun man sich doch vorher klar vorgenommen hatte.

Ob Paulus an so etwas gedacht hat, als er in seinem Brief an die Gemeinde in Rom u.a. schrieb: »Ich armseliger Mensch! Wer wird mich diesem Todesleib entreißen?« (So kann man das griechisch Geschriebene übersetzen.)

Möglicher weiterer Verlauf

Was die Christen damals in Rom dachten, als der Vorleser des Briefes von Paulus an diese Stelle gekommen war, läßt sich heute nicht genau sagen. Vielleicht aber hat der eine oder die andere damals gedacht: »Das ist ja schrecklich, wie das da aus dem Paulus herausbricht: ›Ich armseliger Mensch‹ sagt er von sich selbst.« Vielleicht hat auch einer ins Vorlesen hineingerufen: »Halt! Halt! Bevor wir weiter zuhören, muß ich erst richtig verstehen, was der Apostel meint.« Und dann haben sie wahrscheinlich miteinander geredet. Vielleicht hat einer sich zu Wort gemeldet: »Hatte Paulus eben nicht gesagt: ›Nicht das, was ich will, tue ich; sondern das, was ich hasse, tue ich‹? Und dann hat er doch dasselbe noch einmal etwas anders gesagt: ›Ich tue ja nicht, was ich will, das Gute, sondern was ich nicht will, das Böse – eben das tue ich!‹. So etwas kenne ich auch von mir. Und ich bin überzeugt: Wer kennt das nicht – mehr oder weniger? Das bedeutet doch: Paulus redet gar nicht nur von sich selbst, er redet vielmehr von allen Menschen, von uns allen. Er will ausdrücken: So ist es mit uns. Es ist mit uns so, als ob zwei Stimmen in uns sind oder zwei Kräfte. Ich kenne das: Ich will das Gute. Wer will das nicht? Aber ich tue das Böse. Wer handelt nicht so? Zum Verzweifeln ist es, wenn man sich das klar macht. Da kann man sich in aller Ruhe und vernünftig vornehmen, nach gutem Muster und Vorsatz zu leben – und am Ende macht man's doch nicht so. Am Ende ist sich jeder selbst der Nächste. Am Ende gilt nur noch ›ich, ich, ich‹. Und man wollte doch gut sein.«

»Nun laß' mich auch mal was sagen« hat damals beim Verstehen und Diskutieren des Paulusbriefes in Rom vielleicht an dieser Stelle ein anderer gesagt: »Ich glaube, das ist eigentlich gar nicht das Thema des Paulus hier. Ich will erklären, was ich meine. Paulus und ich auch sind als Juden großgeworden. Beide haben wir gelernt, daß Gott sein Volk – uns, die wir an ihn glauben – aus Liebe erwählt hat. Und wir haben gelernt, als Anwort auf Gottes erwählende Liebe seine Gebote gehorsam zu erfüllen. Das kann man im fünften Buch der Heiligen Schrift nachlesen. Nun aber: Nun nutzt mancher sein Halten der Gebote Gottes, sein Leben mit Gottes Geboten, um vor Gott zu fordern: Sieh mich an, Gott, wie gut ich bin. Hab ich nicht etwas verdient? – Da werden Gottes Gebote doch *gegen* Gott gebraucht! Aber ich habe wie Paulus entdeckt – oder sollte ich richtiger sagen: mir wurden die Augen dafür geöffnet –, daß mit Jesus Christus, mit Jesus, dem Messias, uns unser unmögliches Wesen und Tun vergeben ist. Gott ist ganz anders! Liebe und Vergebung, das sind seine Kennzeichen. Sieht man sich selbst kritisch – muß man verzweifeln. Sieht man auf Gottes vergebende Liebe –

kann man nur danken. Laßt uns den zuletzt gelesenen Paulussatz noch einmal hören – und dann lies weiter!« und nun hörte man wieder den Vorleser: »O ich armseliger Mensch! Wer wird mich retten aus diesem Todesleib? Dank sei Gott durch Jesus Christus, unserem Herrn!«

Möglicher Schluß

Liebe Gemeinde, vielleicht wurde damals in Rom der Brief des Paulus etwa so vorgelesen und bedacht. Was kann uns der Briefabschnitt heute sagen? Zwei, drei Gedanken könnten wir heute heraushören:

1. Vor Gott kann unser Blick auf uns selbst geschärft werden: Egoistisch, in entscheidenden Momenten den eigenen Vorteil im Sinn – so sind wir alle. Nicht anders, als die Menschen damals. Müssen wir dafür Beispiele suchen? Aus diesem Wissen heraus hat Martin Luther den 130. Psalm neu gedichtet:

Aus tiefer Not schrei ich zu dir,
Herr Gott, erhör mein Rufen.
Dein gnädig Ohren kehr zu mir
und meiner Bitt sie öffne;
denn so du willst das sehen an,
was Sünd und Unrecht ist getan,
wer kann, Herr, vor dir bleiben?

Bei dir gilt nichts denn Gnad und Gunst,
die Sünde zu vergeben;
es ist doch unsere Tun umsonst
auch in dem besten Leben.
Vor dir niemand sich rühmen kann,
des muß dich fürchten jedermann
und deiner Gnade leben.

Darum auf Gott will hoffen ich,
auf mein Verdienst nicht bauen;
auf ihn mein Herz soll' lassen sich
und seiner Güte trauen,
die mir zusagt sein wertes Wort;
das ist mein Trost und treuer Hort,
des will ich allzeit harren.

2. Seit Jesus Christus gilt nun noch viel mehr:

Ist Gott für mich, so trete / gleich alles wider mich;
so oft ich ruf und bete, / weicht alles hinter sich.
Hab ich das Haupt zum Freunde / und bin geliebt bei Gott,
was kann mir tun der Feinde / und Widersacher Rott!

Nun weiß und glaub ich feste, / ich rühms auch ohne Scheu,
daß Gott, der Höchst und Beste, / mein Freund und Vater sei

und daß in allen Fällen / er mir zur Rechten steh
und dämpfe Sturm und Wellen / und was mir bringet Weh.

Der Grund, da ich mich gründe, / ist Christus und sein Blut;
das machet, daß ich finde / das ewge, wahre Gut.
An mir und meinem Leben / ist nichts auf dieser Erd;
was Christus mir gegeben, / das ist der Liebe wert.

3. Für uns heute heißt das u.a. auch: Eine Leistungsgesellschaft, die Leistung prämiert und in der Gefahr ist, am Leistungsunfähigen zu sparen, solche Menschen zu verdrängen, gilt es um Gottes Willen daran zu erinnern, daß die Menschlichkeit unserer Gesellschaft darin ausgewiesen wird, daß sie die Augen offenhält für die Schwachen, für die Menschen am Rande, und daß helfendem Handeln der notwendige Stellenwert zukommt. »Gott sei Dank« zählt für Gott nicht die Leistung, sondern Liebe charakterisiert ihn – und die Menschen, die sich als sein Volk an ihm orientieren: dankbar, daß es diesen Gott gibt.
Gott sei Dank durch Jesus Christus, unserem Herrn.«

Kontexte

»Ich, Bernward, nicht aus eigenem Verdienst, sondern von Gott erwählt zum Bischof berufen, habe lange darüber nachgedacht, durch welches Bauwerk von Verdiensten oder durch welchen dinglichen Preis ich mir den Himmel erhandeln könnte … Was ich seit langem im Herzen plante, nämlich meinem Namen eine glückliche Erinnerung zu schaffen, wollte ich nun in die Tat umsetzen. So habe ich mein ganzes Vermögen dem Herrn geschenkt …«
(Bernward, seit 993 Bischof von Hildesheim, gestorben 1022)

De Profundis
Laß meine Hand nicht los, nie, mein Gott!
Und wenn ich versinke
und meinen Augen die Sterne entschwinden
verlaß mich nicht! Ich glaube!

Und schreite ich matt unter dem Gesetz Deiner Liebe
doch wie beschwingt in der Sünde:
Lehre mich, strafe mich, züchtige!
Sei nicht so ungnädig, mich gewähren zu lassen!

Und tu ich das Böseste, laß es zum Guten ausschlagen
wie, ach, so oft –
Ja, tue ich, was ich nicht will
oder will ich nicht, was ich soll
und verwirren sich mir die Pfade der Sterne
und dieser allzugeliebten Erde

so bleibe bei mir, und sei es auch
in der Nacht aller Nächte
in der gewaltigen Lüge –

Denn wer mich liebt, liebt einen Andern
nicht den, der ich bin.
Du aber erkennst mich. Sonst niemand.
Selbst ich nicht.
Und Du nur kannst helfen, sonst niemand.

Denn Du, der Du in das zerbrochne Gefäß
Deine Sterne legst
der Du Deinen Tempel
lächelnd aus Scherben errichtest:
Du bist die Gnade.

Aus der Tiefe rufe ich zu Dir:
Laß meine Hand nicht los, mein Gott!
Mög ich vergehen im Licht Deiner Sonne.
Verlaß mich nie! Ich bin nackt und stumm.
Ich gflaube.

(E. Ginsberg, »Abschied«, [Gedicht: De Profundis], © 1981 by Arche Verlag AG, Raabe + Vitali, Zürich.)

Reformationsfest

Predigttext: Galater 5,1–6

Reinhard Kirste

Theologisch-homiletische Skizze

Reformationsfest sozusagen als Kasualie, als Fall einer jährlich wiederkehrenden Verlegenheit, deren Erledigung irgendwo zwischen Pflicht und Parforceritt angesiedelt ist. Der vorgegebene Text, sehr wesentlich für die Entwicklung von Luthers Rechtfertigungslehre, tut ein übriges, um den »Kasus« komplizierter zu machen, hat er doch exegetische und theologiegeschichtliche Bezüge, die auch die Kirchen der Reformation als Kirchen der Tradition ausweisen. Das zeigen die in Gal 5,1–6 vorkommenden Stichworte.

Mit dem Begriff der *Beschneidung* gibt es zuerst einmal Probleme. Er gehört nicht zum geläufigen Vokabular der meisten ZuhörerInnen der Predigt. Darum möchte ich ihn als Symbol bestimmter Zwänge, die über Erfolg und Mißerfolg, Glück und Unglück des einzelnen, in der Gruppe oder in der Gesellschaft entscheiden können, aktualisieren. Darum will ich nicht in die Problematik der galatischen Gemeinden zurück, weil wir heute mit anden Beschneidungsriten zu kämpfen habe, was denn zu zeigen ist. So möchte ich auf den Symbolwert von Beschneidungen kommen. Riten und Kulthandlungen können etwas zementieren, was innerlich schon leergelaufen ist. Man muß sich auch darüber im Klaren sein, daß Symbolhandlungen immer ambivalent sind.

Darüber hinaus empfinde ich es als ausgesprochen schwierig, die Problematik des Verhältnisses von *Juden und Christen* an der Beschneidungsfrage zu konkretisieren. Immerhin gehe ich von einer Gemeinde aus, die selbst mit den biblischen Bezügen allgemein nicht mehr vertraut ist (geschweige denn der Anspielung auf Hagar und Sara). Dieses, obwohl ein großer Teil der Zuhörerschaft zur »Kerngemeinde« gehört, denen viele Bibeltexte eigentlich vertraut sein müßten. Aber ich gehe bei meinen Vorbereitungen auch davon aus, daß einige Jugendliche (nicht nur Konfirmanden) da sind, zumal ich einen Gottesdienst vor Augen habe, der auch außerhalb des sonntäglichen Rahmens möglich ist.

Nun spielen die Äußerungen des Paulus zur Freiheit Christi sozusagen als Kontinuum der *Rechtfertigungslehre* eine nicht unbedeutende Rolle. Ich möchte allerdings nicht die klassische Fragestellung Luthers wiederholen, sondern nach Rechtfertigung in den Zusammenhängen unserer gesellschaftlichen Gegenwart fragen. Ich behaupte nämlich, daß uns das Problem der Rechtfertigung auch heute noch zu schaffen macht. Luther rang mit der Frage: Wie kriege ich einen gnädigen Gott? Er erfuhr erst nach vielen Versuchen und inneren Kämpfen, daß er sich Rechtfertigung nicht verdienen konnte, sondern daß sie ein Geschenk der unberechenbaren Gnade Gottes ist. Diese Fragestellung ringt manchem heute vielleicht nur noch ein müdes Lächeln ab aber viele ringen sich ganze Interviews mit Selbstrechtfertigungen ab. Da werden Fehler vertuscht, Pannen verschleiert und zuerst einmal alles dementiert, bis die Wahrheit mühsam und bröckchenweise an Land kommt. Wir, die Kleinen wie die Großen, scheinen immer noch in der Schülermentalität zu hängen: Ich war es nicht,

es war der und der, aber bloß ich nicht! Das scheint mir der aktuelle Anknüpfungspunkt zu sein.
Auch die Frage des *eschatologischen Heils* (vgl. Exegese IV,4) werde ich zugegebenermaßer eigenwillig, in dem ich dieses am gegenwärtigen Verhalten festzumachen versuche und zwar unter den Gesichtspunkten:
Die leergewordenen Riten beschneiden
Mut zum Ungehorsam und die Chance des Neuanfangs
Sich von der Liebe prägen lassen
Bei meinen *methodischen Überlegungen* klammere ich den *Abendmahlsgottesdienst* aus, weil dies eigene längere Überlegungen zur Folge haben müßte. Dies erforderte eine Alternative zu dem hier Vorgelegten. Ebenfalls dürfte bereits deutlich geworden sein, daß die folgenden Vorschläge sowohl für den Sonntagmorgengottesdienst vor dem Reformationsfest, wie für einen Wochengottesdienst am 31. Oktober selbst gedacht sind.

Vorschläge zur Liturgie

Eingangsgebet
Herr, unser Gott, immer wieder ist unsere Freiheit bedroht. Wir werden Zwängen unterworfen, die uns zu schaffen machen:
Was Menschen von uns erwarten.
Welche Leistungen wir zu bringen haben.
Wie wir aussehen sollen.
Welche politische Meinungen akzeptiert werden.
Wir werden in Raster gesteckt und haben zu funktionieren.
Herr, unser Gott, laß uns in deiner Freiheit leben,
damit wir das Wichtige vom Unwichtigen unterscheiden
und die Freiheit nicht auf der Strecke bleibt. Amen.

Kyrielied (auch als Kyrie zu sprechen)
Refrain: Kyrie, Kyrie eleison, Herr guter Gott erbarme dich!
In Ängsten die einen und die anderen leben und die anderen leben, und sie leben nicht schlecht.
In Hunger die einen, und wir andern leben, die im Hunger leben schlecht.
Gefangen die einen und die anderen leben und die anderen leben, und sie leben nicht schlecht.
Geschunden die einen und wir anderen leben, die Geschundenen leben schlecht.
(Text: G. Hildebrandt, Melodie: Peter Janssens. Aus: Leben wird es geben. Telgte: Peter Janssens-Musikvelag 1975)

Statt eines Bußgebets
Herr, wir regen uns leicht auf, wenn uns Unrecht getan wird, tun aber selbst anderen Unrecht.

Wir vergessen zu leicht, was Liebe und Güte konkret bedeuten. Wir schätzen immer wieder Menschen danach ein, was sie leisten.
Wir bitten dich, laß uns umdenken, wenn wir von Gerechtigkeit reden. Laß uns vielmehr eintreten für diejenigen, denen Unrecht getan wird.
Hilf, daß wir anderen selbst dann etwas gönnen, wenn sie es nach unserer Meinung nicht verdient haben. Laß uns nicht neidisch werden, wenn man uns andere vorzieht und wir zurückgesetzt werden.
Laß uns nicht schief dastehen, wenn wir zwar einigermaßen gerecht behandelt werden, aber nach mehr Anerkennung lechzen.
Laß uns umdenken, Herr, und hilf, daß wir Gerechtigkeit nicht nur dann einfordern, wenn unser eigenes kleines Glück bedroht ist. Amen.

Besinnung als Predigtschluß oder nach der Predigt
Wenn Christus euch befreit, dann seid ihr wirklich frei.
Wenn Christus euch Raum gibt, dann seid ihr nicht mehr in eure Enge verliebt.
Wenn Christus euch Luft zum Atmen gibt,
dann habt ihr keine Beklemmungen mehr.
Wenn Christus euch aus dem Gefängnis eurer Selbstgerechtigkeit
herausholt, dann weitet sich euer Horizont.
Wenn Christus euch befreit, dann seid ihr wirklich frei.
Wenn Christus euch Raum gibt, dann seid ihr nicht mehr in eure Enge verliebt.
Wenn Christus euch Luft zum Atmen gibt, dann habt ihr keine Beklemmungen mehr.
Wenn Christus euch ruft, dann ergreift eure Befreiung.
Laßt hinter euch die Ängste, gegen den Strom zu schwimmen.
Laßt hinter euch die Lieblosigkeit, mit der ihr den anderen abschüttelt.
Laßt hinter euch den Neid, der eure Freundschaften vergiftet.
Laßt hinter euch den Zwang, immer besser als die anderen sein zu wollen.
Laßt hinter euch die Schuld, die euch den Blick auf die Zukunft verstellt.
Laßt hinter euch die Schatten der Vergangenheit,
die euch die Gegenwart vermiesen und die Hoffnung verdunkeln.
Weil Christus euch befreit hat, darum seid ihr wirklich frei.
Laßt euch nicht wieder fangen,
laßt euch nicht wieder beugen,
laßt euch nicht wieder zwingen.
Sondern: Mit den Gaben der Freiheit befreit andere zur Liebe,
mit dem Verzicht auf eigene Rechthaberei wehrt ihr dem Unrecht.
Wo Christi Freiheit ausbricht, bricht sich Versöhnung Bahn.

Gebet nach der Predigt
Herr, Jesus Christus, laß uns nicht zuerst danach fragen, was uns die Freiheit nützt,
sondern was sie uns anbietet,

laß uns das Geschenk deiner Freiheit annehmen,
damit wir es weitergeben,
damit Unterdrückte, Geängstigte und Verbitterte frei werden
von ihrer Unterdrückung, ihrer Angst und ihrer Verbitterung.
Du hast uns Freiheit geschenkt,
nicht damit wir wieder anfangen zu unterdrücken,
nicht damit wir wieder anfangen, die Herren zu spielen,
nicht damit wir riskieren, Gemeinschaft zu zerstören,
sondern du hast uns Freiheit geschenkt,
damit wir alle Formen der Unfreiheit aufdecken
und zu der Freiheit stehen, zu der du uns befreit hast.
Zur Freiheit gehört Mut.
Du selbst bist mutig den Weg der Erniedrigung vorangegangen.
Dieser Mut hat dich das Leben gekostet,
aber uns die Freiheit gebracht,
die Freiheit von der Macht, die Freiheit von der Selbstgerechtigkeit,
die Freiheit hin zu Güte und Liebe.
Wir bitten dich,
gib uns den Mut, deine Freiheit
durch unser alltägliches Leben zu bezeugen.

Liedvorschläge
Aus dem EKG Nr. 218, 226, 239, 242. Aus dem westfälischen Regionalteil: 486, 166

Vorschläge zur Predigt

Themenbereiche der Predigt und Predigtskizze
Ich stelle mir drei Predigtrichtungen vor. Die ausgeführte Skizze (Nr. 3) läßt sich in Auszügen auch in den Alternativen (Nr. 1 + 2) verwenden: Allerdings muß die Predigt dann neu strukturiert werden.

1. Magnetfeld der Freiheit
Wer barmherzig ist, stiftet Leben, wer ein Pfennigfuchser der Gerechtigkeit ist, vergißt die Liebe. Gott hat die Liebe groß gemacht und die Gerechtigkeit mit Güte verbunden; davon erzählt seine Schöpfung, davon hat uns Jesus erzählt. Die Verbindung von Liebe und Gerechtigkeit hat Paulus fasziniert. Von der Verbindung von Liebe, Gerechtigkeit und Freiheit leben wir als Kirche, als Gemeinschaft von Christinnen und Christen.

2. Gegen den Wind (mit Bildbetrachtung)
Ich halte es für sinnvoll, Elemente der Predigt durch Bildbetrachtung zu visualisieren. Die Kraft gegen den Strom zu schwimmen, setzt viele positive

Kräfte frei: Dieser Intention kommt die hier vorgestellte Zeichnung sehr nahe. Sie sollte ohne jeden Textzusatz ausgegeben werden.
Während des Predigtliedes könnte man die Bildblätter austeilen und die Predigt mit der Bildbetrachtung beginnen, und zwar so, daß der Prediger/die Predigerin die Gemeinde einlädt, das Bild anzuschauen und die Gedanken, die dabei kommen, mit dem Nachbarn/der Nachbarin auszutauschen. Die »eigentliche« Predigt sollte dann mit einer Beschreibung des Bildes und mit ersten Deuteversuchen des Predigers/der Predigerin beginnen.

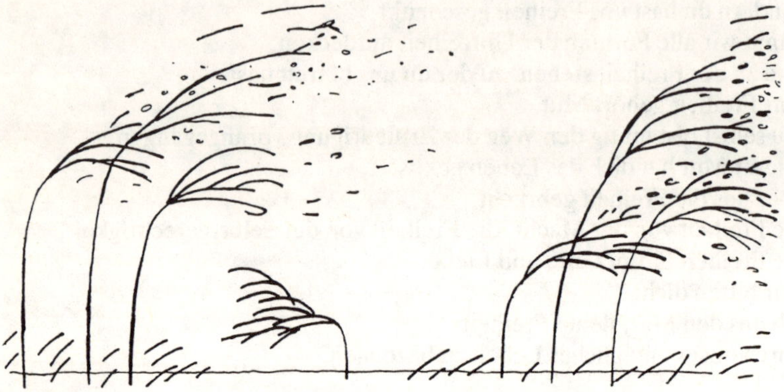

(Olaf Sveistrup (Hrsg.), Beschwerdebuch – Karrikaturen aus dem Osten, © 1967 Econ-Verlag, Düsseldorf/Wien)

3. Ausgeführtes Beispiel (Predigtskizze): Befreiung, wozu?
(Die hier eingefügten Überschriften stellen eine Gliederungshilfe dar)
Beschneidung der Riten
Was Paulus an die Gemeinden Galatiens schreibt, geht uns eigentlich nichts mehr an. Wir praktizieren die Beschneidung nicht mehr, wie es in der jüdischen Religion heute noch üblich ist. Aber wir haben nur noch wenige Juden in Deutschland. Dieses Problem ist also weit weg, oder? Nicht ganz so weit weg ist die Beschneidung muslimischer Jungen, deren Eltern als sogenannte Gastarbeiter vor vielen Jahren nach Deutschland kamen. Ja, sogar im katholischen Krankenhaus beschneidet ein muslimischer Arzt fachgerecht kleine Türkenjungen.
Aber für uns ist die Beschneidung kein Thema. Oder? Scheint es jedoch nicht nur manchmal so, als wären an die Stelle dieser Bräuche neue Beschneidungen getreten?
Wer sich nicht in Kleidung und Lebensstil der Gruppe anpaßt oder an das, was man trägt oder was man tut, ist out oder gar mega-out.
Wie schnell wird jemand zum Außenseiter, wenn er sich auch noch als Andersdenkender zu erkennen gibt. Die Mehrheit, auch die demokratische Mehrheit kennt keine Gnade, sondern überstimmt die Minderheit hemmungslos. (Hier könnten andere Beispiele oder entsprechende Konkretionen erfolgen.)

In unseren Gemeinden hat sich ein Traditionalismus breit gemacht: Neuerungen sind vielen verdächtig, auch wenn die Sonntagsgottesdienste immer leerer werden. Wir brauchen keine neuen Beschneidungsriten, aber vielleicht müssen wir unsere erstarrten Riten beschneiden, den gottesdienstlichen und gemeindlichen Leerlauf nicht länger hinnehmen. Wie ist es denn mit der Freiheit, zu der uns Christus befreit hat?
Beschneidung neuer Riten, damit Neues wachsen kann: Lebendige Liturgie, offene Begegnung in unseren Gemeinden! Veränderung tut dringend not, damit ein frischer Wind über die Patina unserer bisherigen Praxis weht, ist das schon Reformation?

Was ist Reformation?
Vielleicht ist das Wort nur ein paar Nummern zu groß, aber daß es so nicht weitergehen kann wie bisher, liegt eigentlich auf der Hand. Unrecht, Brutalität, Gewalt gegen Ausländer und Behinderte nehmen zu, die Politik kuriert nur an Symptomen herum. Die derzeit beklagten Mißstände unserer Gesellschaft sind nun allerdings Symptome einer inneren Krise: Vielen geht es von Jahr zu Jahr wirklich schlechter. Die Stichworte heißen: Krise unserer Beziehungen, die Krise in unserer Gesellschaft, die Krise unserer Wirtschaft, die Krise unserer Umwelt, die Krise unserer Friedensbemühungen. All diese Krisen lassen sich weder wegreden, noch aussitzen. Was also ist zu tun, wenn im täglichen Miteinander wie der Politik die Moral auf der Strecke bleibt? Ich habe sogar den Eindruck, daß wir inzwischen auch Gerechtigkeit neu definieren: Gerechtigkeit ist, wenn es mir gut geht, Ungerechtigkeit ist, wenn es mir schlecht geht.
(Hier könnten einige Beispiele erfolgen, die unschwer aus der Tagespresse oder eigenen gerade gemachten Erlebnissen zu entnehmen sind.)

Lob des Ungehorsams?
Eine neue Fassade, ein neues Make up reichen wohl nicht. Auch die pfiffigste Werbeagentur und die tollsten Plakate werden die Krise nicht wegzaubern. Martin Luther wäre mit der Reformation sicher gescheitert, wenn er sich nur an den üblen Tricks des Ablaßhandels festgebissen hätte. Es ging ja nicht nur darum, daß man mit Geld seine Seele nicht freikaufen kann, sondern es ging und es geht um die Veränderung der Seelen und der Herzen. Da diese sich offensichtlich nicht zum Besseren ändern, scheint sich auch für die Gerechtigkeit keine neue Chance zu bieten.
Ein Rechtsanwalt hat mir einmal gesagt: »Was wollen Sie denn? Auch beim Gericht gibt es keine Gerechtigkeit, höchstens ein Urteil!« Also: Keine Chance für Gerechtigkeit?
Wenn dem so ist, dann brauchen wir die uns noch verbliebenen Freiheiten erst einmal dazu, um »Nein« zu sagen. Dazu gehört Mut, scheint dieses Neinsagen doch Ungehorsam zu sein. Und gegen den Strom der allgemeinen Meinung zu schwimmen, steht nicht hoch in der Beliebtheitsskala.

Aber solche neuen Tugenden brauchen wir, damit eine Reformation »an Haupt und Gliedern«, wie man damals zu Luthers Zeiten gern sagte, stattfinden kann.
Vielleicht lassen wir uns durch jene kleine Ziege anregen, von der erzählt wird:

Lob des Ungehorsams

Sie waren sieben Geißlein
und durften überall reinschaun,
nur nicht in den Uhrenkasten,
das könnte die Uhr verderben,
hatte die Mutter gesagt.

Es waren sechs artige Geißlein,
die wollten überall reinschaun,
nur nicht in den Uhrenkasten,
das könnte die Uhr verderben,
hatte die Mutter gesagt.

Es war ein unfolgsames Geißlein,
das wollte überall reinschaun,
auch in den Uhrenkasten,
da hat es die Uhr verdorben
wie es die Mutter gesagt.

Dann kam der böse Wolf.

Es waren sechs artige Geißlein,
die versteckten sich, als der Wolf kam,
unterm Tisch, unterm Bett, unterm Sessel,
und keines im Uhrenkasten,
sie alle fraß der Wolf.

Es war ein unartiges Geißlein,
das sprang in den Uhrenkasten,
es wußte, daß er hohl war,
dort hat's der Wolf nicht gefunden,
so ist es am Leben geblieben.

Da war Mutter Geiß aber froh.

(Franz Fühmann: »Lob des Ungehorsams«, © Hinstorff Verlag, Rostock)

Neu anfangen
Fehler einzugestehen und die Chance des Neuanfangs zu wagen, scheinen die größten Hindernisse heute zu sein. Man muß natürlich fairerweise zugeben, daß Eingeständnisse von Fehlern und Schuld in unserer Gesellschaft nicht honoriert werden. So wollen wir immer groß herauskommen, ja, sehen uns gezwungen, besser als die anderen sein, in glänzendem Licht

stehen und merken gar nicht, daß wir einer neuen Beschneidung anheimfallen. Die zarten sensiblen Seiten unseres Menschseins werden beschnitten, unsere innere Freiheit verkaufen wir für die Anerkennung durch andere.
Damit konterkarieren wir die Botschaft von der Freiheit, zu der Christus uns befreit hat. Es lohnt sich darum, an die Reformationszeit vor 480 Jahren zu erinnern.

Die Freiheit, zu der Christus uns befreit hat

Martin Luther ist 1520 unter anderem durch eine kleine Schrift berühmt geworden: Von der Freiheit eines Christenmenschen. Dort schreibt er: »Ein Christenmensch ist ein freier Herr aller Dinge und niemandem untertan«, aber er fügt hinzu: »Ein Christenmensch ist ein dienstbarer Knecht aller Dinge und jedermann untertan.«
Diese scheinbare Widersprüchlichkeit haben wir imgrunde alle schon erfahren: Wenn sich zwei Menschen wirklich lieben und gemeinsam ihren Lebensweg gehen, sieht es so aus, als verzichteten sie auf viel Freiheit. Der männerorientierte Volksmund spottet darum auch über das Joch der Ehe. In der Wirklichkeit der Liebe ist es aber genau umgekehrt: je mehr sich die beiden Liebenden aufeinander einlassen, und zwar auf die Dauer, je mehr sie sich an den Partner binden, umso mehr geben sie sich frei und desto ungezwungener werden sie.
Wenn wir schon im menschlichen Miteinander Freiheit aus liebender Hingabe erfahren, ist nicht einzusehen, warum die Freiheit, von der Paulus spricht, gänzlich anderer Natur oder ein neues Sklavenjoch sein sollte. Die Freiheit, zu der uns Christus befreit hat, könnte sich dann als neu geschenkte Lebensmöglichkeit herausstellen.

Das Angebot der Freiheit

Manche sagen, daß Liebe blind mache,
manche halten die Liebe für eine Brille
mit rosaroten Gläsern.
Rosarote Gläser sind aber
nichts für scharfe Augen.
Bei Rosarot verschwimmt nur allzuleicht
die Wirklichkeit.

Ich kenne einen, der behauptete,
Liebe mache sehend,
weder überscharf noch verzerrt,
noch verschwommen,
weder Karikatur,
noch grau in grau.

Ich kenne einen, der sagte,
Liebe mache heil,

Liebe mache ganz –
ganz mutig,
ganz gerecht,
ganz frei.

Ich kenne einen,
der erzählte von der Macht der Liebe,
der sagte,
daß sich Gottes Liebe offenbart,
menschlich,
ganz menschlich,
eben ganz.

Es ist die Liebe
menschlich,
ganz menschlich,
eben ganz.

Es ist die Liebe,
die nicht rechnet,
es ist die Liebe, die sich schenkt.

Der mir davon erzählte,
ist ganz tot,
und ganz lebendig.
Er wagte den Aufstand der Liebe
gegen alle Tode.
Durch ihn entdecke ich,
daß in jedem liebevollen Blick,
in jeder freundlichen Geste,
mir Gott selbst auf der Spur ist.

Die Balance der Freiheit

Wenn mir Gott selbst auf der Spur ist, dann kommen Gerechtigkeit, Liebe und Freiheit in eine Balance. In dieser Balance habe ich keine Angst vor Bindung, in dieser Balance habe ich aber auch keine Angst, daß man mich wegen meines Andersseins mißachten könnte. Dann kann ich riskieren, das zu tun, von dem ich meine, daß es der Liebe, der Freiheit und der Gerechtigkeit diene.

Leider läßt sich diese Balance im Alltag oft nicht so praktisch herstellen, wie hier in der Predigt gesagt. Aber sehen wir uns doch die Zeichen an, auf die wir selbst gewiesen werden, wie es Dostojewski gesagt hat: Liebe heißt, einen Menschen so sehen, wie ihn Gott gemeint hat. Hoffen wir, daß die Menschen, die uns begegnen, wenigstens ein bißchen davon merken, daß wir von der Freiheit, zu der uns Christus befreit hat, angesteckt worden sind.

Drittletzter Sonntag des Kirchenjahres

Predigttext: Hiob 14,1–6

Wolfgang Gerlach

Theologisch-homiletische Skizze

Es gehört zu der – für heutige Menschen und auch Gottesdienstbesucher kaum noch nachvollziehbaren – Tradition der Kirche, das Ende des Kirchenjahres, in deren Rhythmus kaum noch jemand lebt, liturgisch auf Moll zu stimmen. Das ist der Grund für die Wahl dieser Perikope. Die Frage, ob und wie sich solche Gestimmtheit überhaupt herstellen läßt, findet nicht mein Interesse. Daher mein Vorschlag, diese Perikope, wenn sie es denn an diesem Sonntag sein soll, in Verbindung zu bringen mit unmittelbar eigener »Hiobs«-Erfahrung oder mit einem Trauerfall in der Gemeinde, bei dem die Zumutungen Gottes aufgenommen werden können.

Die redaktionsgeschichtliche Einordnung dieses Textes in eine möglicherweise nachexilische Epoche mag ein exegetisches Pfündlein sein, was freilich aus meiner Sicht und in Einschätzung meiner (durchaus bürgerlichen und »gebildeten«) Gemeinde niemandem etwas sagt und deshalb auch für die Predigt nichts austrägt.

So ist gerade in diesem Fall, weil es Hiob historisch nie gab, die Predigt so zu gestalten, als ob es Hiob immer gibt: also auch heute und hier. Dies sage ich einerseits gegen all die Kommentatoren, die uns Predigern empfehlen, den Text als einen »zeitlosen« zu verkündigen. Und ich sage es gegen all jene diesen Text bedenkenlos verchristlichenden Ausleger, die alles Leid dieser Welt im Leiden und Sterben des Jesus und im Auferstehen des für den Messias gehaltenen Christus aufgehoben sehen. Damit ist die Hiobslegende nicht nur zu einem theologischen happy-end verkommen; sondern sie bekommt gar nicht die Chance, daß verzweifelte Christen sich in dieser Erzählung *wieder*finden und dadurch vielleicht auch sich wieder *finden* können. Hiobs Umgang mit Gott muß uns Christen überhaupt erst einmal lehren, den langen Schrei gegen den Himmel zu wagen und auszuhalten. M.a.W.: was wir aus der Psychotherapie und Seelsorge längst wissen, muß auch theologisch und homiletisch eingelöst werden.

Da die allgemeine Bibelkenntnis als gegen Null gehend anzusetzen ist, wäre der Textverlesung eine Einführung in die Hiob-Dichtung vorzuschalten (s.u.). Dabei geht es vor allem um die Fabel selbst, nicht (noch nicht) um ihre theologische Deutung und Bedeutung.

Zum Predigtteil empfehle ich folgende Struktur: Einführung in die Hiobfabel und Lesung des Textes durch Lektoren, Einstieg mit »Hiobsgeschichten« aus dem persönlichen Erleben (Trauerfälle, »Schicksalsschläge« aus dem Pfarralltag), im Mittelteil Einbezug des Bibeltextes, im Schlußkapitel die Frage nach Trost ohne Vertröstung, nach Einfühlung ins Leid ohne geschwätziges Mitleid.

Vorschläge zur Liturgie

Introitus
Psalm 85,9–12 (13f.)

Eingeständnis
Wann werden endlich, o Gott, Gerechtigkeit und Frieden unter uns einander küssen? Noch küssen sich Verrat und Lüge, Unrecht und Krieg. Herr, erbarme dich unser.

Zuspruch
Der Herr ist gut und gerecht; darum weist er Sündern den Weg (Ps 25,8).

Kollektengebet
Sammle, o Gott, unsere Sinne und Gedanken unter dein Wort, das heute von Glück und Verzweiflung des Hiob zu uns sprechen will. Amen.

Lesung
aus der Hebräischen Bibel: Hiob 2,1–10
(die Gemeinde wird eingeführt in das Hiobbuch)
aus der Griechischen Bibel: 1 Kor 6,1–10 oder 1 Kor 11,16ff.
(die Gemeinde erfährt den zum Martyrium bereiten Paulus als Gegentyp zum protestierenden Hiob)

Lieder
Eingangslied: EKG 198,1–3+5; für den weiteren *Verlauf:* 108,1–4; 309; 271; 327; 328,6–11; 208

Gebet nach der Predigt
Wir haben gehört und bedacht und wenden uns dir zu, o Gott, auch wenn wir, wie Hiob, manchmal zweifeln, ob wir je dein Ohr erreichen. So beten wir dennoch:
Sei du denen nahe, die sich wie mit einem Schlag von Dir aus der Höhe in die Tiefe gerissen fühlen; ermutige sie, ihren Schmerz an dich herauszuschreien; hilf ihnen tragen, was du ihnen auferlegst; gib niemandem von uns mehr als das, was er verkraften kann.
Und wenn du uns zu Tröstern machst, schenke uns die Kraft zu schweigen, wo jedes Wort den Betrübten verletzt. Gib uns die Kraft zu sprechen, wo der Tod in unserem Schweigen seine Siege feiert. Gib, daß unser Reden und Schweigen einander küssen. Amen.

Vorschläge zur Predigt

1. Lektor:
Einführung
Hiob ist ein ehrenwerter Mann, hochgeachtet bei Gott und den Menschen. Ehrlich erworben sein Besitz, offen sein Haus für Besucher und Bettler, Kranke finden Heilung bei ihm. Jedermann genießt sein offenes Ohr und

seine schenkende Hand. So lebt er mit Frau, drei Töchtern und sieben Söhnen in den Vorhöfen friedenstiftender Eintracht.
Und dann dieser Blitzschlag aus heiterem Himmel. Was sag ich »Schlag«? Ist's nicht genug, daß Hab und Gut, Kinder und Freunde dahingerafft werden? Die »Hiobsbotschaften« reißen nicht ab – Schlag auf Schlag berichten die Unglücksboten und geben sich die Türe in die Hand: »Feuer fiel vom Himmel und hat Hirten und Herden vernichtet«. »Der Feind hat die Kamele geraubt und den Männern die Köpfe abgeschlagen.«
Für den Übergang von der Einführung zur Predigt kann ich mir als dramaturgisches Kunstmittel den Versuch vorstellen, das Hiobepos in rhythmisch-feierlichem Sprachfluß deutend zu befragen:

2. Lektor:
Und was steht hinter alledem? Was geht hier vor? Ein grausam Spiel? Ist's eine Wette gar zwischen Himmel und Hölle? Ein Gaunerstück des Satans, der Frömmigkeit bei Glück und Wohlstand für gar zu einfach hält, als daß hier nicht die Gegenrechnung aufgemacht verdiente: Wohlan, Gebieter der Welt, wie wär's, wir machten deinen frommen Hiob jäh zum Unglücksraben und raubten ihm, woran er hängt! Kippt dann mit seinem Schmerz nicht auch die Gottesliebe um und kehrt sich in den Haß, der ganze Himmelreiche könnt' ins Wanken bringen?
Mit solchen Worten sei der Vorspann Euch, Ihr Christen, heut gegeben, damit Verständnis wachse aus dem Text, der vorgegeben ist für diesen Tag.

3. Lektor:
Hiob 14,1–6

Pfarrer(in):
Möglicher Predigtanfang
Sie schauen mich noch immer an – die Hinterbliebenen derer, die ich in den letzten Wochen beerdigte. Sie fragen noch immer: »Warum, Herr Pfarrer?« Warum mußte gerade unsere Tochter auf die schiefe Bahn geraten, in Drogensczene, Sucht und Suicid? Ist 35 Jahre nicht zu jung? »Warum, Herr Pfarrer?«
Warum mußte mein Mann schuldlos vom Beifahrersitz des Motorrades zu Tode stürzen? Vor einem Jahr hat Ihr Kollege uns getraut und jetzt erwarte ich ein Kind. Ist man mit 25 Jahren in Gottes Augen schon vollendet? »Warum, Herr Pfarrer?«
Schaut derselbe Gott, der uns die Tochter damals schenkte, hier und heute reglos zu? Ist er selber erstarrt wie weiland die griechischen Götter, die dem Treiben der Menschen unbewegte Miene zeigen?
Wollen Sie, Herr Pfarrer, mir meinen Schmerz über den unverschuldeten Unfalltod meines Mannes etwa mit frommen Worten zukleistern? Der Jesus habe da schon alles Nötige erledigt am Kreuz von Golgatha? Das wol-

len Sie mir doch nicht im Ernst zumuten? Oder haben Sie etwa noch als letzten Pfeil im Köcher ihre verblödende These von Tun und Ergehen? Dann wäre der Tod meines Mannes als Strafe anzusehen? Begleicht Ihr Gott alte Rechnungen durch Verkehrsunfälle?

Zum weiteren Verlauf

Immer wieder, seit der Mensch lebt und solange er lebt, enthüllt sich der Schicksalsschlag als Gottesschlag. Denn Gott wird zur Rechenschaft gezogen. Er ist der Angeklagte. Er ist der Sündenbock, der »meinen Fuß in den Block gelegt« hat (13,27). Er soll Farbe bekennen und Antwort geben auf die Frage: Welches Spiel wird hier auf Erden gespielt?: Ein Spiel zwischen »Trotz und Hoffnung«? Eine himmlische Farce, die nichts anderes beweisen soll als den Sieg des Himmlischen über den Höllischen? Und der Mensch zwischen den Mühlrädern von stärkenden Engeln und stürzendem Teufel?

Auch bricht sich hier die Frage nach der Schuld des Menschen ihre Bahn: »Wie groß ist meine Schuld und Sünde? Laß mich wissen meine Übertretung und Sünde« (13,23). Doch die Frage geht ins Leere, denn der Leser weiß: Hier ist nicht Schuld noch Schande, denn Hiob gilt als unbescholtener Mann, als Gottesfavorit par excellence.

Nicht nur, daß ihn persönlich Schuldzuweisung schwerlich treffen könnte. Der Mensch schlechthin, »vom Weibe geboren, geht auf wie eine Blume«, blüht und verwelkt. Kann eine Blume sich vor Gott verfehlen? Sie ist sich keiner Schuld bewußt. Doch du, Gott, hältst Gericht, wo's nichts zu richten gibt! Du schaust mit deinen Augen zu und hinterdrein, als ob du schier Gefallen daran hättest wie ein Lehrer, den Rotstift anzusetzen.

Und wenn tatsächlich denn es Grund gibt, dem Menschen große Rechnung aufzumachen, ist's nicht dein eigen Werk – der Mensch? Wer A sagt, muß auch zum B sich frei bekennen: »Kann wohl ein Reiner kommen von Unreinem? Auch nicht einer!« Bin ich denn Gott, der diese verkorkste Schöpfung zu verantworten hat? Wenn du, Gott, jedes Menschen Tag bemißt, ihm Zeit und Ziel gesetzt hast, was ihm zu überschreiten unmöglich ist, dann sieh du zu! Oder besser: Dann »sieh du weg von ihm, damit er Ruhe hat, bis sein Tag kommt, auf den er sich wie ein Tagelöhner freut«. Wo sonst Gottes Auge herbeigesehnt wird, da wird es hier als lästig empfunden. Gott wird als Störfaktor erfahren, den es abzuschütteln gilt.

An Eugen Roth denk ich, wo sich »ein Mensch« auch einmal wünscht, daß Gott, statt ihm mit strafendem Blick ständig auf den Fersen zu sein, in Ruhe lassen möge:

Ein Mensch, der recht sich überlegt,
Daß Gott ihn anschaut unentwegt,
Spürt mit der Zeit in Herz und Magen

Ein ausgesprochnes Unbehagen
Und bittet schließlich Ihn voll Grauen,
Nur fünf Minuten wegzuschauen,
Er wolle, unbewacht, allein,
Inzwischen brav und artig sein.
Doch Gott, davon nicht überzeugt,
Ihn ewig unbeirrt beäugt.

Hat Hiob soeben noch Gottes Anblick als störend verworfen, so ringt er zugleich um das Recht, von Gott in Frieden gelassen zu werden wie ein Tagelöhner, der in seiner Arbeit Sinn sucht und Freude findet.
»Wie ein Tagelöhner sich freut.« Wie freut sich der? Als Werkstudent, der Tageslohn bekam, freute ich mich, wenn der Arbeit angemessener Lohn entsprach. Angemessenen Lohn wünscht sich auch Hiob. Wo bleibt in seinem Leben Angemessenheit – nach dem Verlust aller zehn Kinder, nach Vernichtung von Hab und Gut? Das Maß ist voll – nach all der Maßlosigkeit Gottes. Wird der unermeßliche Gott ein Ohr haben für das, was dort zum Himmel schreit? Das Himmelschreiende bricht sich am Firmament und kommt als Echo zur Erde zurück, als ob es, einem Bumerang gleich, den Klagenden erschlagen wollte.
Da hat es selbst der Baum noch besser. »Denn der Baum hat Hoffnung, auch wenn er abgehauen ist; er kann wieder ausschlagen, und seine Schößlinge bleiben nicht aus« (14,7).

Möglicher Schluß
Wo sind die Freunde in der Not? Wer brauchte sie nicht? Auch Hiob kann nicht ohne sie sein. Solange sie schweigen, haben sie Feingefühl: Sie sind ihm nahe in allem, was er tut: wenn er sich erhebt, erheben sie sich auch. Sie essen, wenn er ißt, sie trinken, wenn er trinkt. Fangen sie aber an zu reden, verderben sie zu geschwätzigen Besserwissern. Die Freunde von damals reden wie Freunde von heute. Freund Eliphas beteuert: Kein Mensch ist ohne Sünde; also schau auch du bei dir, was als Ursach für dein Leid herauszufinden ist. Freund Bildad sucht Gott vor unbilliger Anklage zu schützen: Selbst wenn du im Dunkeln tappst – Gott wird's schon richtig mit dir machen! Freund Zophar sieht in Hiob den eitlen Himmelsstürmer und weist ihn zurecht: Wer bist du, Mensch, daß du dich erfrechst, dem Herrn über Tod und Leben Vorhaltungen zu machen?
Die Freunde spielen mit des Freundes Geschick als Voyeure: Während er leidet, halten sie Vorträge über das Leiden. Ach, blieben wir alle doch bewahrt vor Belehrung und Erklärung, wenn Gottes Zumutungen uns treffen als Leidende oder als Mitleidende! Dann schon besser mit sich allein sein und allein seinen Kampf mit Gott ausfechten. »Lieber Gott als seine Kommentatoren!« (Elie Wiesel, S. 221. Siehe unter Kontexte.)
Wir Christen sind gelehrt worden, die Fragen der hebräischen Bibel durch die Glaubensantworten des Erneuerten Testaments allzu forsch mundtot

zu machen. Es wird Zeit, daß wir uns und anderen Zeit lassen mit vorschnellen Antworten. Wer schwere Fragen nicht eine zeitlang unbeantwortet aushält, wird schwerlich angemessene Antworten erhalten. Mehr noch: Wir Christen sollten Abschied nehmen von einem Gott, den wir »lieber« machen als er ist, dem wir die Wucht unserer Wut nicht zumuten, gegen den uns aufzubäumen wir uns nicht getrauen.
Im Hiobbuch erleben wir einen Kampf des Menschen gegen Gott mit offenem Ausgang. Manchmal mögen wir die Luft anhalten und wissen nicht, auf wessen Seite wir uns schlagen sollen. Sollte es manchem Trauerbesuch, den wir als Pfarrer oder Freund, als Christ oder atheistischer Mitmensch machen, vielleicht besser bekommen, wenn wir das Schweigen länger aushielten, statt nach Tröstungen Ausschau zu halten? Es wird immer noch Zeit genug bleiben, dem Tod nicht das Feld durch Schweigen zu überlassen. Reden könnte ja auch heißen: Statt ewig passende Antworten zu geben, angemessene Fragen zu stellen – auch an die Adresse Gottes.

Kontexte

In Elie Wiesels Buch »Adam oder das Geheimnis des Anfangs (Verlag Herder, Freiburg-Basel-Wien, 5. Aufl. 1987) finden sich verschiedene Hinweise auf Midraschim zum Hiobbuch. So erhebt sich z.B. die Frage nach der Vergleichbarkeit von Leiden, womit gutmeinende Freunde zu trösten suchen: Dem Nachbarn geht's doch noch viel schlimmer als dir!:
»Als Rabbi Jochanan, der Sohn des Sakkai, seinen Sohn verlor, kamen seine Schüler, um ihn zu trösten.« Der eine verwies auf das Leid von Abraham, ein anderer auf die Prüfungen Hiobs, ein Dritter auf die Tragödie des Aaron, der, nachdem seine beiden Söhne umgekommen waren, seinen Schmerz zu bezwingen wußte. Jedem einzelnen erwidert Rabbi Jochanan: »Genügt mir der eigene Schmerz nicht, warum fügst du noch den von Adam / von Hiob / von Aaron hinzu?« Doch dadurch werde Leid weder leichter noch erkärt. Jedes Leid stehe für sich selbst (216f.).

Elie Wiesel sieht in Hiob, auch wenn er nicht für einen Juden gehalten werden kann, das Leiden des Volkes Israel in der Shoa widergespiegelt:
»Ob Vorläufer oder Zeitgenosse, seine Gestalt erscheint uns vertraut, seine Prüfungen und Probleme sind im Heute verankert. Wir kennen seine Geschichte, als hätten wir sie selbst erlebt ... Hiob, das ist ein Augenblick der Leidenschaft, ein Bild der Angst, ein zurückgehaltener, aber nicht erstickter Schrei in uns, der hinausdrängt, ein tausendfach gesplitterter Spiegel, der das Bild einer in der Sinnlosigkeit zerbrochenen Einsamkeit zurückwirft. In ihm berühren sich Legende und Wahrheit; denn in ihm kommen das Wort und das Schweigen wieder zusammen ... Wenn wir versuchen, unserem eigenen Schicksal Ausdruck zu geben, ist es sein Schicksal, von dem wir erzählen, und die Geschichten seines Lebens, das Trugbild seiner Äußerungen, das alles haben wir erlitten und haben daraus unsere Erfahrung des Bösen und des Todes gewonnen« (207).

Vorletzter Sonntag des Kirchenjahres

Predigttext: Offenbarung 2,8–11

Wolfhart Koeppen

Theologisch-homiletische Skizze

Vier Differenzen markieren den »garstigen Graben« zwischen dem Sendschreiben an die Gemeinde von Smyrna und meiner durchschnittlichen, traditionsgeprägten volkskirchlichen Gemeinde.

(1) Dem Text liegt »als durchgängiges Leitmotiv der Gegensatz von Tod und Leben zugrunde« (Roloff 51). Macht schon der weltanschauliche Dualismus dieses Denkens eine unvermittelte Rezeption problematisch, so erst recht der Widerspruch zum Harmoniestreben volkskirchlicher Institutionen. Bekanntlich ist in Kirchenvorständen auf Ortsebene ebenso wie in leitenden Gremien unserer Landeskirchen nichts so verpönt wie »Polarisierung«. Haben sie damit recht? Geht es in der Praxis des Glaubens, im Leben unserer Gemeinden wirklich um steile Alternativen – gut oder böse, weiß oder schwarz, heil oder verloren – oder nicht vielmehr um die mühsamen Kompromisse mit den Realitäten des Alltags und der Möglichkeiten durchschnittlicher Menschen?

(2) »Sei getreu bis in den Tod ...« In meiner Gemeinde war dies durch Generationen *der* Konfirmationsspruch schlechthin. Was beim Verfasser der Apokalypse *kollektiv* gemeint war, kann unter den Bedingungen des neuzeitlichen Christentums augenscheinlich nur mehr *individuell* gehört und realisiert werden. Zugleich geht mit der Individualisierung der Verheißung ihre Moralisierung einher. »Treue« wird zum Wert an sich. Was einst Ermutigung an eine Gemeinde war, die ihr auferlegte Bedrängnis (Vers 9) gemeinsam durchzustehen und in der Hoffnung auf die eschatologische Gemeinschaft mit Gott ihre christliche Identität zu bewähren, gerät zum Appell an einzelne: Gehorsam, Standfestigkeit und Grundsatztreue als Ausweis eines christlichen Lebens. Damit aber kann »Treue« instrumentalisiert und von denen mißbraucht werden, die Vertrauen nicht verdienen. An die Stelle der befreienden Treue gegenüber Gottes Berufung, die im Namen des Gekreuzigten und Auferstandenen Leben angesichts tödlicher Bedrohung verspricht, tritt dann die gefährliche Treue gegenüber Machthabern und Ideologien, die um angeblich höherer Ziele willen sogar das Opfer des Lebens fordern.

(3) »Johannes« schreibt an eine Gemeinde, die in sozialer Hinsicht arm, gesellschaftlich isoliert und hinsichtlich ihrer öffentlichen Geltung relativ belanglos ist, jedoch reich an geistlichen Gaben und Möglichkeiten. Meine Predigt gilt einer Durchschnittsgemeinde, auf die, von Ausnahmen abgesehen, eher die umgekehrte Diagnose zutrifft: »äußerer Reichtum – innere Leere« (Sölle). Als Vereinskirche ist sie nur in äußerst begrenztem Maß die soziale Gestalt gemeinsamer, verbindlicher Praxis des Glaubens, sondern eher ein Markt der Möglichkeiten: Man beteiligt sich nach Neigung und Belieben, sofern neben Geschäft und Beruf, privater Geselligkeit und den diversen Freizeitaktivitäten noch Zeit für Kirche bleibt. Sie ist kein institutionalisierter Widerspruch gegen das latente Gewaltpotential unserer Gesellschaft, den allgegenwärtigen Zwang zum Funktionieren und den Totalitätsanspruch der

Ökonomie, für die Nutzen und Effekt das Maß aller Dinge sind, keine Kraft gegen die Ausgrenzung Schwächerer und Andersdenkender, sondern in der Regel (wenngleich wider Willen) Legitimationsinstanz gesellschaftlicher Anpassungs- und Ausgrenzungsprozesse.
(4) Der Text spricht zu einer bedrängten Gemeinde, die weiteres Leid bis hin zu Haft und Kerker zu erwarten hat (Taeger), und ermutigt sie zur Treue gegenüber dem Herrn des Lebens im Angesicht von Martyrium und Tod. Ich hingegen predige einer volkskirchlichen Gemeinde, aus der sich die Mehrheit der zahlenden Mitglieder lautlos verabschiedet hat, ohne dies als Verlust zu empfinden noch irgendwelche Sanktionen erwarten zu müssen. Christsein erscheint nicht etwa als gefährlich, sondern im Gegenteil als belanglos in einer zweckrationalen Welt, in der die Gesetze der Ökonomie zur heimlichen Allerweltsreligion avanciert sind: Da zählt nur noch, was sich rechnet. Auf der anderen Seite kompensieren nicht wenige, die sich »noch« dazuzählen, ihre Verunsicherung durch Abgrenzung. Man pflegt eine weltlose Frömmigkeit im intimen Kreis der Bekehrten und Entschiedenen. Damit aber meldet sich die überholt geglaubte dualistische Weltsicht von neuem zu Wort: hier die Schar der Gläubigen, dort die »Weltkinder«.
In der Tat: »Die Situation der angesprochenen Christen in Smyrna ist nicht vergleichbar mit der unserer Gemeinden« (Taeger IV,4). Welche *Konsequenzen* ergeben sich daraus *für Gottesdienst und Predigt*?
(1) Mein erster Predigteinfall war ein Briefwechsel zwischen meiner Gemeinde und der von Smyrna über die Motive ihrer Treue, den Grund ihres Mutes zum Widerspruch und nach der Kraft ihres eindeutigen Christuszeugnisses. Leider hat mir jedoch die Überprüfung der Predigtliteratur diesen Zugang verstellt. Bereits im Vorgängerband hat G. Bublitz seinen Predigtvorschlag als fiktiven Dialog entwickelt (GDP IV/3, 126–133). Der ebenso unsinnige wie unerbittliche Zwang zu literarischer Originalität verbietet eine Wiederholung, Ich kann daher im folgenden nur einen »zweitbesten« Vorschlag bieten, verweise jedoch ausdrücklich auf die nach wie vor anregende und hilfreiche Bearbeitung von 1988.
(2) Schwierig scheint mir der Text vor allem angesichts der Interpretation, die ihm der Kasus Volkstrauertag liefert, noch ehe der Prediger zu Wort kommt. Angesichts der Stimmung und der Reden an Kriegerdenkmälern dürfte es schwer fallen, die zum Motto gewordene Verheißung »Sei getreu bis in den Tod, so will ich dir die Krone des Lebens geben« auf argumentativem Wege vor dem (stillschweigenden) Mißbrauch als Legitimation des Heldentods fürs Vaterland zu bewahren. Weil jedoch die monologische Rede der Predigt bekanntermaßen nicht dazu geeignet ist, tiefsitzende Einstellungen und Normen zu ändern und erst recht, weil an diesem Tag eine kritische Abgrenzung gegenüber einer weit verbreiteten Stimmungslage problematisch ist, bleibt nur eine Konsequenz: Entweder ich entschließe mich zu einer kasusbezogenen Predigt und verzichte darauf, hierfür ausgerechnet Offb 2,8–11 zu bemühen – oder ich entnehme dem Text sein eigenes Thema und blende den Kasus bewußt aus. Der folgende Predigtvorschlag folgt diesem Ansatz.
(3) Mir liegt daran, daß der Überwinderspruch« Vers 10c nicht, noch dazu individualistisch verengt, zum Mottozitat verkommt. Dem läßt sich m.E. dadurch begegnen, daß das im Sendschreiben nach Smyrna so uneingeschränkt gelobte Verhalten der dortigen Gemeinde als aktuelle Möglichkeit heutigen Christseins vorgestellt wird, ohne daß dabei die tiefe Differenz von Zeit und Situation überspielt würde. Anders gesagt: Die Gemeinde von Smyrna ist kein Ideal, sondern ein Modell; sie darf also nicht als solche Vorbildfunktion gewinnen – *Ent*mutigung angesichts der offenkundigen Defizite heutiger volkskirchlicher Gemeinden statt *Er*mutigung zu

einem konsequenten Christsein wäre die Folge. Es geht nicht um die Nachahmung vorbildhafter Menschen, sondern um die Orientierung an Gottes Treue und Verheißung und einen darauf gegründeten Lebensstil. Auf die Frage, wie es dazu kommen kann, möchte ich mich in meinem Predigtvorschlag konzentrieren. Ich stelle ihn deshalb unter die Leitfrage: Wie werden wir eine Gemeinde mit Profil?

(4) Es geht mir mit Hilfe des biblischen Textes um die *aktuelle* Anrede an eine *konkrete* Gemeinde. Deshalb verzichte ich – anders als Bublitz in seinem Predigtentwurf von 1988 – auf die Darstellung und Erörterung der historischen Situation in Smyrna. Ich möchte ermutigen und motivieren, nicht informieren und (dieses Mal wenigstens) auch nicht problematisieren. Deshalb verzichte ich auf die Darstellung historischer Konflikte. Stattdessen möchte ich an einer aktuellen Konfliktsituation in der Gemeinde, für die ich predige, beispielhaft die Frage nach der öffentlichen Relevanz des Glaubens, den Konsequenzen verantwortlichen Christseins und den Chancen der Gemeinde als sozialer Gruppe durchspielen.

(5) Um eine thematische Geschlossenheit des Gottesdienstes zu erreichen und zugleich die Predigt zu entlasten, gestalte ich auch die liturgischen Texte und Gebete unter diesem Gesichtspunkt.

Vorschläge zur Liturgie

Eingangswort – Rüstgebet

Pfarrer: »Sei getreu bis an den Tod, so will ich dir die Krone des Lebens geben.« Dieses Versprechen Gottes steht über unserem heutigen Gottesdienst – als Ermutigung für uns alle, eine Gemeinde zu sein, an der Gott und die Menschen Freude haben. Wie rasch zweifeln wir an der Treue Gottes zu uns! Wie schnell nehmen wir auf alle möglichen Leute oder Umstände Rücksicht, passen uns an und geraten dabei in Abhängigkeiten! Wie oft haben wir Angst, Gottes Auftrag gemäß zu leben – eindeutig und bestimmt! Deshalb suchen wir von neuem Gottes Nähe und rufen ihn an: Gott sei mir Sünder gnädig!

Gemeinde: Der allmächtige Gott erbarme sich unser, er vergebe uns unsere Sünde und führe uns zum ewigen Leben.

Pfarrer: Komm uns nahe, Gott, und sieh uns an, wie wir sind. Hilf uns Gottesdienst feiern in der Gewißheit, daß uns nichts von deiner Liebe trennen kann. Laß uns erfahren, daß wir als Gemeinde einen Auftrag haben, und daß du uns brauchen kannst, um deiner Zukunft den Weg zu bereiten. Amen.

Sündenbekenntnis

Auf Gott vertrauen,
treu sein im Bekennen,
mutig im Einsatz für seine Sache,
beharrlich in der Liebe,
nicht zögern, wenn uns der Glaube Konsequenzen abverlangt –

das möchten wir gern.
Aber dann ist die Angst da und die Gewohnheit
und wir weichen zurück.
Darum rufen wir: *Kyrie eleison – Herr, erbarme dich!*

Gnadenwort
Stark sein im Glauben,
treu im Bekennen und konsequent in der Liebe –
wir können es,
weil der für uns einsteht, der für uns starb
und den Gott auferweckte ins Leben: Christus, der Herr.
Er holt uns heraus aus der Enge unserer Fragen und Zweifel
und sagt uns: Fürchte dich nicht.
In seinem Namen loben wir Gott: *Ehre sei Gott in der Höhe!*

Kollektengebet
Gott, Herr, guter Freund,
gib uns deinen Geist,
der uns lebendig macht,
damit wir, deine Gemeinde,
deiner Treue zu uns mit Treue begegnen,
Müdigkeit und Trägheit überwinden
und Mut gewinnen,
Zeugen des Lebens und Anwalt der Menschen zu sein
wie Jesus, dein Sohn, unser Bruder,
der uns vorangeht.
Amen.

Lesungen
Um der Einheitlichkeit und Nachvollziehbarkeit des Gottesdienstes wegen schlage ich vor, das altkirchliche Evangelium (Matth 25,31–46) zu ersetzen: entweder durch Matth 24,3–15 oder Matth 10,16.20.28–33 – am besten in der Übertragung durch W. Jens.
Falls neben dem Predigttext noch eine dritte Lesung erforderlich sein sollte, eignet sich Römer 8,18–23, die altkirchliche Epistel des Sonntags, weil sie die Aspekte der Hoffnung und der Ermutigung unterstreicht. Als alttestamentliche Lesung käme Jes 55,1–5 in Frage. (Die in der Perikopenordnung vorgesehene AT-Lesung Jer 8,4–7 steht mit ihrer kritischen Tendenz in Spannung zum Predigttext und wäre daher als dessen Kontext interpretationsbedürftig.)

Schlußgebet (Fürbitten)
Laßt uns in Frieden den Herrn anrufen:
um seinen Frieden,

daß wir Frieden finden für unser Leben
und Frieden schaffen unter den Menschen.
Um seine Barmherzigkeit,
daß auch wir miteinander Erbarmen haben.
Um sein Leben,
daß wir den Sinn des Lebens entdecken
und einander zu einem glücklichen Leben helfen.
Laßt uns zum Herrn rufen:
Herr, erbarme dich!
Für alle, die Trauer tragen
um die Opfer der Kriege,
um den Verlust ihrer Heimat,
um den Abschied von einem nahen Menschen,
daß sie weiterleben können
ohne Verzweiflung, Bitterkeit oder Resignation.
Laßt uns zum Herrn rufen:
Herr, erbarme dich!
Für alle, die heute leiden müssen,
die inmitten von Krieg und Bürgerkrieg leben;
für die Hungrigen und Unterdrückten,
für die, die gefoltert werden,
daß ihr Elend ein Ende hat,
und sie satt werden, ungefährdet und frei.
Laßt uns zum Herrn rufen:
Herr, erbarme dich!
Für uns und alle Menschen,
die wir im Schatten des Todes leben
und die wir einander mit der Drohung des Todes Gewalt antun,
daß wir uns auf unser Ende besinnen,
unsere Zeit nicht sinnlos verbringen
und endlich Heil und Erlösung finden.
Laßt uns zum Herrn rufen:
Herr, erbarme dich!
Für unsere Gemeinde hier am Ort und alle christlichen Kirchen:
daß wir unserem Auftrag treu bleiben,
mutiger bekennen, treuer beten,
fröhlicher glauben und brennender lieben,
und daß wir uns vor den Folgen nicht fürchten,
sondern sie Gott überlassen.
Laßt uns zum Herrn rufen:
Herr, erbarme dich!
Gott: Du willst unser Leben.
So laß uns Zeugen des Lebens sein,
mit dem du uns beschenkst und beauftragst.

Im Namen Jesu Christi, des Lebendigen.
Amen.

(Nach M. Josuttis, in: Die permanente Passion. München 1982, S. 73f. [hier leicht verändert und erweitert])

Lieder

Aus dem Evangelischen Kirchengesangbuch (EKG): 108,1+4+7 (O komm, du Geist der Wahrheit); 205,1–2.5–6 (Lob Gott getrost mit Singen); 208 (Ach bleib mit deiner Gnade); 53,4+8 (Jesus ist kommen); evtl. auch – trotz des individualistischen Tonfalls – 253,1+4 (Auf, Christenmensch). Auf das agendarisch vorgeschlagene Wochenlied EKG 120 (Es ist gewißlich an der Zeit) hingegen würde ich nicht nur seiner altertümelnden Sprache, sondern auch seiner individualisierenden Tendenz wegen verzichten.

Aus dem Heft »111 Lieder für Kirchentage«: 20 (Glauben heißt: Christus mit Worten zu nennen); Kanon 46 (Ihr werdet die Kraft des Heiligen Geistes empfangen); 47 (Gehet nicht auf in den Sorgen dieser Welt). Als Gloria-Lied: 58 (Ich lobe meinen Gott); zum Segen: 8 (Bewahre uns, Gott).

Predigtvorschlag

Möglicher Anfang

(1) Selbstverständlich ist das nicht, daß eine ganze Gemeinde entschlossen bei der Sache bleibt – der Sache Jesu, der Sache des Lebens. Trotz materieller Armut, Verleumdung, Verfolgung und jeder Menge anderer Schwierigkeiten. Einzelne, ja. Vielleicht. Es gab und es gibt gottseidank immer wieder besonders standfeste, überzeugte und konsequente Leute. Aber gleich eine ganze Gemeinde? Mit so verschiedenen Menschen, wie wir das eben sind: forschen und vorsichtigen, redegewandten und stillen, zielbewußten und zögerlichen? Einfach alle? Und das einmütig – also offenbar ohne Druck von oben und ohne mühsame Debatten, Abstimmungen und Entscheidungen?

Selbstverständlich ist das nicht, daß eine Gemeinde von Christen unabhängig wird vom Urteil und den Übergriffen ihrer Umwelt, vom Streben nach einem möglichst positiven Image, nach öffentlicher Anerkennung und dem Wunsch, es allen recht zu machen.

Selbstverständlich ist das nicht, daß eine ganze Christengemeinde sich dem Zwang entzieht, sich der herrschenden Mehrheit anzupassen, den einflußreichen Leuten nach dem Munde zu reden, es nur ja mit den tonangebenden Leuten nicht zu verderben, denen Stimme und Einfluß zu verschaffen, die auch sonst das Sagen haben und um ihrer finanziellen Absicherung willen auch Kompromisse in der Sache in Kauf zu nehmen.

Selbstverständlich ist das nicht, daß eine Kirchengemeinde ihre Häuser für Asylbewerber und Flüchtlinge öffnet; oder daß sie sich mit aller Deutlichkeit auf die Seite derer schlägt und für die spricht, die man, weil sie schwach oder schwierig sind, ungestraft in die Ecke stellt. Selbstverständlich ist auch nicht, daß nicht nur ein paar grüne Außenseiter, sondern eine ganze Gemeinde um Gottes und seiner Schöpfung und der Zukunft willen sich beispielsweise gegen ehrgeizige Bauprojekte oder gegen den Anbau gentechnisch veränderten Saatguts auf ihren Feldern wehrt. Und das nicht etwa deshalb, weil sie damit öffentliche Anerkennung erwirbt (ganz im Gegenteil!), sondern einzig und allein, weil sie in den Fremden ihren Herrn wiedererkennt und in der Natur eine Gabe und eine Verpflichtung des Schöpfers sieht, nicht nur eine Verfügungsmasse für das Gewinnstreben einiger weniger.

(2) »Man muß Kompromisse schließen«, denken und sagen wir, wenn wir wieder mal in die Situation kommen, daß uns unser Glaube etwas kostet, weil Konsequenzen gefordert sind. Wir halten es in der Regel für ganz normal, zu fragen: Was bringt's, wenn wir uns einsetzen? Geht's nicht auch bequemer? Kein Wunder, wenn viele ihr Christsein den Argumenten des Vorteils und der Nützlichkeit unterordnen oder bis zur Unkenntlichkeit vertuschen, wenn sie auf Widerstand stoßen. Trotzdem: So ein Lebensstil fasziniert. Konsequent leben. Eindeutig. Frei vom Schielen nach Macht und Mehrheiten. Unabhängig vom Geld und vom Vorurteil der maßgeblichen Leute. Einzig und allein vom Geist Jesu inspiriert, seinem Wort gehorsam, an der Perspektive seines Reiches und seiner Gerechtigkeit orientiert. Eindeutig leben statt immer wieder Kompromisse einzugehen. Stellung beziehen statt sich für unzuständig zu erklären. Konsequent für Frieden, Gerechtigkeit und die Bewahrung der Schöpfung eintreten statt diese Erde zum Teufel gehen zu lassen.

Wie lernt man so leben – eindeutig, mutig, konsequent? Woher nehmen wir das Vertrauen, nicht unterzugehen? Woher die Gewißheit, daß es dazu keine Alternative gibt, auch wenn uns der Wind ins Gesicht bläst und wir für unsere Überzeugungen einstehen müssen? Woher nehmen wir den Mut, der weit verbreiteten christlichen Belanglosigkeit den Abschied zu geben und wieder klar zu sagen: Ja, ja. Oder: Nein, nein!? Wie lernen wir als Christengemeinde, was wir allenfalls nur einigen wenigen besonders Begabten und Überzeugten zutrauen, als Privattugend sozusagen: Mut, Risikobereitschaft, Konfliktfähigkeit und, vor allem, das Vertrauen, daß Gott uns gerade dann, wenn wir eindeutig leben, nicht fallen läßt? Kurz: Wie werden wir eine Gemeinde mit Profil?

Zum weiteren Verlauf

Einer Antwort auf die Leitfrage würde ich mich in meiner Predigt gleichsam in konzentrischen Kreisen – sozusagen von außen nach innen – zu nähern versuchen.

(1) Erster Kreis: Ich möchte ermutigen zum regelmäßigen und ehrlichen Gespräch über Praxis und Konsequenzen unseres Glaubens. Dabei würde

ich von der Beobachtung ausgehen, daß es in meiner Gemeinde – wie vermutlich in den meisten anderen – zugeht wie in einem Verein: ein Vorstand und einige weitere Verantwortliche planen für Konsumenten eine Vielzahl von Veranstaltungen und Aktivitäten. Nichts dagegen! Aber das Nachdenken darüber, warum wir das tun, wie unsere Bemühungen mit unserem Glauben und Gottes Auftrag zusammenhängen, und wie wir über persönliche Einstellungen und Entscheidungen hinaus als Gemeinde miteinander unserem Glauben Gestalt geben können, das unterbleibt für gewöhnlich. Gewiß, wir haben unsere Gottesdienste, aber sind die höchst selten eine Gelegenheit für Austausch und Gespräch. Dabei merken wir doch erst im Gespräch miteinander, was unser Glaube austrägt, und erst im Gespräch läßt sich ermitteln, wo wir gemeinsam handeln könnten oder sollten.
(2) Zweiter Kreis: Ich möchte Mut machen, angesichts einer aktuellen Herausforderung oder Konfliktsituation Farbe zu bekennen. Hier käme es darauf an, ein überindividuelles Problem im überschaubaren örtlichen Nahbereich in den Blick zu nehmen, an dem die öffentliche Verantwortung der Gemeinde gefragt ist. Nur als Beispiel: In meiner Gemeinde wäre dies (zu dem Zeitpunkt, an dem ich diese Predigthilfe schreibe) das Großprojekt einer Reha-Klinik, das von einer auf persönlichen Vorteil hoffenden Lobby im Gemeinderat zusammen mit der interessierten Betreibergesellschaft unter Umgehung einer öffentlichen Diskussion und gegen starke Ängste in der Bevölkerung vorangetrieben wird. Im Sinne des Textes ginge es dabei nicht um ein quasi-politisches Plädoyer für oder gegen das Vorhaben als solches, sondern darum, daß die Gemeinde gegen das aggressive öffentliche Schweigen den Mut zum offenen Gespräch aufbringt, dafür einen Rahmen und konkrete Verfahren anbietet und auf jene Punkte aufmerksam macht, bei denen sich Christen von ihrem Glauben her nicht um eine Stellungnahme herumdrücken dürfen. Etwa: Welche Folgen haben unsere Projekte für die Natur, die wir als Gottes Schöpfung bekennen? Wo werden Schwächere, die sich nicht artikulieren können, übergangen und manipuliert? Sind »Wachstum« und »Wirtschaftskraft« Werte an sich?
(3) Dritter Kreis: Ich möchte dazu Mut machen, unseren Glauben und unsere Existenz als christliche Gemeinde wieder bewußter mit den Aufgaben, Problemen und Konflikten in Zusammenhang zu bringen, die uns in unserem alltäglichen Leben beschäftigen oder zumindest beschäftigen sollten. Hier geht es mir um die behutsame Korrektur eines weit verbreiteten christlich-kirchlichen Harmoniebedürfnisses, das den spannungsfreien Umgang miteinander im kleinen Kreis der »kirchlich Engagierten« nicht selten mit einer rigiden Ausklammerung von Zeitgenossenschaft verbindet, diesen scheinbaren Frieden im stillen Winkel jedoch mit dem Verzicht auf öffentliche Relevanz des Glaubens erkauft.
Ich möchte etwa sagen: Laßt euch von niemandem einreden, euer Glaube gehöre allenfalls in die Kirche und ins stille Kämmerlein, habe aber auf dem Marktplatz und in öffentlichen Auseinandersetzungen nichts zu suchen!

Laßt euch durch solcherlei Vorurteile nicht innerlich zweiteilen in einen Sonntagschristen und einen Alltagsmenschen! Igelt euch auch nicht in euren Privat- und Familienproblemen ein, so wichtig und so schmerzlich sie manchmal sind, sondern stellt euch dem Auftrag, daß Gott gerade euch und euer mutiges Bekenntnis braucht, um seine Sache voranzubringen! Haltet euch vor allem nicht selbst für unbegabt, sondern begreift, daß ihr für Gott wichtig seid! Haltet euch nicht für Einzelkämpfer, die für sich allein geradestehen müssen, sondern denkt, entscheidet und handelt als Gemeinde derer, die mit unterschiedlichen Lebensgeschichten und Begabungen füreinander einstehen. Vergeßt vor allem das Versprechen Jesu nicht: »Habt keine Furcht! Fragt nicht: was soll ich sagen? ... Es redet in euch der Geist eures Vaters. Der spricht.« (Matth 10)

Möglicher Schluß

Ja, wir sind reicher als wir denken, tüchtiger als wir selbst es uns zutrauen und wichtiger als wir annehmen. Denn es kommt – gottseidank – nicht auf unsere Findigkeit an; nicht darauf, wie mutig oder wie redegewandt oder wie gut informiert wir sind; und erst recht nicht auf unser Geld oder das der Kirche. Es geht auch nicht darum, daß wir möglichst viel Einfluß kriegen, in allen Auseinandersetzungen mitmischen und am Ende sowas wie eine Christenpartei sind. Es kommt – uns kleinen Leuten zum Trost und zur Entlastung gesagt – weder auf unsere guten Absichten und Vorsätze noch unsere natürlichen Begabungen und Fähigkeiten an. Sondern was zählt, ist der Reichtum, den wir bei Gott um Jesu willen haben. Was zählt, sind die Begabungen, die er durch seinen Geist ans Tageslicht fördert. Und das geschieht dort, wo wir uns nicht auf die eigene Stärke verlassen, sondern Christus, dem ohnmächtigen Gott, etwas zutrauen. Er kann uns brauchen. Das ist es. Deshalb müssen wir nicht auf die eigene Entschlossenheit oder unser Durchstehvermögen bauen, sondern können uns darauf verlassen, daß er uns die Treue hält. Das gibt uns die Kraft, selbstverständlich und ohne viel Aufhebens das zu tun, was sich absolut nicht von selbst versteht: nämlich, auf Gottes Willen zu hören und nach seinem Willen zu leben. Das macht Mut, Widerstand zu leisten, wo Gottes Wille auf dem Spiel steht, und Konsequenzen auf sich zu nehmen, wo wir uns am liebsten heraushalten und zurückstecken möchten.
»Sei getreu bis an den Tod, so will ich dir die Krone des Lebens geben!« Dieses Versprechen dessen, dem kein Tod gewachsen war, steht am Anfang. Am Anfang eines Lebens, dem wir unser Leben als Christengemeinde verdanken und das nun durch uns zur Welt kommen soll.

Eine Volkstrauertagspredigt

Predigttext: Römer 8,18–23

Bernd Ahrens

Leiden, Ängstlichkeit, Vergänglichkeit; die Begleitmelodie, die Paulus mit seinen Worten anstimmt, paßt zu diesem Volkstrauertag, dessen gesamte Grundstimmung in Moll gehalten ist. Es tut gut, wenigstens heute über Tränen und Ängste sprechen zu dürfen. Denn dies ist ein Tag, an dem wir guten Gewissens nicht voreilig von christlicher Zuversicht reden müssen, wo so mancher unter uns doch alles andere als zuversichtlich ist.

Da sind die einen, denen es ein inneres Bedürfnis ist, wenigstens an diesem Morgen aufgefangen zu werden in der Solidarität der Trauernden. Die einen Menschen verloren haben im letzten Krieg – »für Volk und Vaterland«, wie es so kaltschnäuzig hieß – und die diesen Verlust nie, nie werden verwinden können – weil das Leben des Toten viel zu kurz war, weil die gemeinsame Ehe gerade erst begonnen hatte, weil es jener Staat nicht wert war, dafür zu sterben. – Doch das alles hat man erst hinterher begriffen.

Da sind die anderen unter uns, denen es kalt über den Rücken läuft, wenn sie die brutale Saat der Nazis wieder aufgehen sehen: »Deutschland den Deutschen!« – Vierzig Jahre lang hatten wir diesen menschenverachtenden Chauvinismus unter dem Sargdeckel der Geschichte gewähnt, doch heute entpuppt sich dieser Sarg als makabrer Scherzartikel, bei dem nur ein kleiner Anstoß genügt, um den Deckel aufspringen zu lassen, und – siehe da – der alte Teufel springt heraus und bleckt mit hämischem Grinsen seine Zähne.

Auch die unter uns will ich erwähnen, die einmal geblaubt haben, nach dem Horror des 2. Weltkriegs müsse jedem Deutschen die Hand abfallen, wenn er noch einmal ein Gewehr in dieselbe nehme. Die aber dann, im Laufe der Jahre, vorsichtiger geworden sind im Umgang mit solch markigen Worten. Die es lernen mußten, realpolitisch zu denken, weil sie ihren Pazifismus nicht durchhalten konnten im Sturm des kalten Krieges. Die aber nach wie vor ihrer Meinung treu geblieben sind: Krieg darf nicht sein, nie mehr! Und denen jetzt die Tränen in die Augen steigen, wenn sie im Fernsehen die Bilder sehen aus dem Gebiet, das man einmal ›Jugoslawien‹ nannte. Ihnen ist eine Welt zusammengebrochen und eine neue ist noch nicht in Sicht.

Schließlich möchte ich auch die unter uns nicht vergessen, die einmal geglaubt hatten, ihr Lebensstil könne ihre Lebenszeit verlängern. Die sich engagiert haben gegen Atomkraft und für eine naturgemäße Ernährung und die auf diese Weise sehr konsequent ihre Verantwortung für die Schöpfung wahrgenommen haben in der Gewißheit des Erfolgs ihrer Mission. Und die nun fassungslos auf das Ozonloch starren, dessen Ausbreitung kein Mensch mehr aufhalten kann – selbst wenn die ganze Welt morgen schon aus der FCKW-Produktion ausstiege. Jeder Sonnenstrahl riecht ihnen nach Hautkrebs, und die Ausweglosigkeit dieser Perspektive bohrt wie ein Stachel in ihrer Seele.

Sie alle dürfen heute zu Wort kommen und ihr Leid herauslassen. Gerade auch an diesem Ort. Sie können sicher sein: Heute wischt keiner ihre Traurigkeit mit flotten Sprüchen vom Tisch. Im Gegenteil: Heute wird ihrer Trauer zur Sprache verholfen.

Paulus selbst, der sich zugegebenermaßen oft genug eher durch Ungeduld und Jähzorn ausgezeichnet hat, schenkt heute diesem Leid geduldige Worte: »Die Schöpfung ist unterworfen der Vergänglichkeit« – wie wahr! Wir können ein Lied davon singen; jeder auf seine eigene Melodie, wir alle gemeinsam wie ein vielstimmiger Chor. Die Toten der Kriege, die Erschossenen, Vergasten und Gehenkten, die zerbrochenen Hoffnungen, die zusammenbrechende Ökologie auf dieser ächzenden Erde, sie alle schreien stumm dieselbe Klage.

»Die Schöpfung ist unterworfen der Vergänglichkeit.« Das Leiden ist Teil dieser Welt. Nichts wird beschönigt, nichts wird verdrängt. Klipp und klar sagt Paulus, was Sache ist. Dabei ist es gar nicht so selbstverständlich, die Dinge beim Namen zu nennen. Ich habe noch Politikerstimmen im Ohr – war's Filbinger? war's Strauss? oder waren's gar beide? –, die bereits Ende der sechziger Jahre gefordert hatten, einmal müsse Schluß sein mit der ewigen deutschen Vergangnheitsbewältigung. Dabei hatte die Bewältigung dieser Vergangenheit ihr Reifestadium noch nicht einmal ansatzweise erreicht. Wohin uns das bringt, wenn man vor dieser Vergangenheit die Augen verschließt, das führen uns zur Zeit die Claqueure des rechten Mob vor, die wieder ungestraft ihre Angst vor dem Fremdartigen aggressiv austoben dürfen. – Nein, den Dingen ins Auge zu schauen ist so einfach nicht. Egal, ob sie in der Vergangenheit oder in der Zukunft liegen. Denn auch das Zukünftige wird munter verdrängt, besonders dann, wenn es an den Grundlagen unserer Existenz nagt. So könnte ich Ihnen aus dem Stand heraus an jedem Finger meiner Hand eine Mitbürgerin oder einen Mitbürger aufzählen, die innerhalb der einzelnen Dörfer unseres Kirchspiels ihr Auto benutzen, sei es, um ihr Kind von der Bushaltestelle abzuholen, sei es, um einen Brief zum Postkasten zu bringen oder wegen sonstiger Bagatellen. Ganz überflüssigerweise wird der Schlüssel im Anlasser herumgedreht, ohne auch nur einen einzigen Gedanken daran zu verschwenden, wieviel Dreck damit produziert wird. Dreck, mit dem sich noch unsere Enkel werden herumschlagen müssen. Oder ein anderes Beispiel: Schauen Sie sich im Sommer in unserem Schwimmbad um! Die zahlreichen Warnungen vor dem Sonnenbaden hatten keine durchschlagende Wirkung. Solange braune

Haut als Schönheitsideal gilt, ist vielen Menschen eine gebräunte Haut heute immer noch wichtiger, als das Melanom auf derselben Haut morgen.
In der Tat, den Dingen ins Auge zu schauen ist so einfach nicht. Paulus tut's: »Wir wissen, daß die ganze Schöpfung bis zu diesem Augenblick mit uns seufzt und sich ängstet.« Nein, er beschönigt nichts; er braucht es auch nicht, denn er ist ein *Christ*. Das mag Sie, liebe Gemeinde, überraschen. Über Jahrhunderte hinweg hat man gerade uns Christen ja immer wieder nachgesagt, wir würden den Menschen die Hucke vollügen. Statt sie zu befähigen, die Gegenwart zu bewältigen, redeten wir immer nur vom Paradies und vom Himmel, um sie auf den fernen Sankt Nimmerleinstag zu vertrösten. In der Tat, beide großen Kirchen haben dies getan, die evangelische nicht weniger als die katholische. Und indem sie dies getan haben, haben sie die Grundlage des Christentums verlassen. Hier steht ein Schuldgeständnis immer noch aus.
Die Grundlage des Christentums nämlich ist eine ganz andere. Sie besteht im Glauben daran, daß Jesus aus Nazareth, der im Stall geborene und auf der Schädelstätte draußen vor der Tür hingerichtete Mensch der Sohn Gottes, *der Christus*, ist. Wer *das* glaubt, so heißt es, *der* ist erlöst und in die neue Welt Gottes hineingenommen.
Liebe Gemeinde, eben nicht die Augen verschließen vor dem Jammer dieser Erde. Hinschauen aufs Kreuz, das Leiden in den Blick bekommen – ganz realistisch – und in eben diesem Leiden Gott entdecken, das heißt: Christ sein.
Ich weiß sehr gut, daß dies von der Position eines Außenstehenden schwer nachzuvollziehen ist. Wer nicht gelitten hat, richtig gelitten hat bis in die tiefsten Schichten seiner Seele hinein, und wer in dieser trostlosen Ohnmacht Gott noch nicht gesucht hat, dem fällt es in der Tat schwer, den Vater Jesu Christi zu finden. Und doch ist es möglich. Fast möchte ich sagen: Gerade *so* ist es möglich! Denn dieser Vater thront nicht in fernen Himmeln, weitab von dem schmutzigen Getümmel auf dieser Erde. Nein, auf dieser Erde ist unser Vater zu finden: in den Schützengräben an der Front genau so wie in den Gaskammern im Hinterland. Und er wird dort gefunden! Gerade von denen, die sonst keinen mehr haben, der zu ihnen steht; er wird gefunden von denen, die an der Lieblosigkeit dieser Welt zerbrechen müßten, wenn sie nicht wüßten, daß da immer noch Gott ist, der sie lieb hat, der ihnen ihren Wert gibt – und ihre Würde. Ja. Würde haben sie – Gott sei Dank! –, selbst dann, wenn sie völlig würdelos, nackt und ausgemergelt in die Gaskammern getrieben oder im Schlamm des Schützengrabens als Kanonenfutter verheizt wurden.
Doch Gott wäre nicht Gott, liebe Gemeinde, wenn er sich mit Krippe und Kreuz abgefunden hätte. Die Solidarität des Vaters Jesu mit den Ärmsten der Armen ist bei weitem noch nicht alles, was unser Gott uns zu bieten hat. Unser Glaube greift weiter, viel weiter. Nach Karfreitag kommt Ostern, nach dem Kreuz die Auferstehung, nach dem Ende der Anfang. Das ist das

Faszinierende unseres Glaubens, daß wir nicht allein im Wahrnehmen des Leidens stecken bleiben. Seit Ostern können wir durch dieses Leid hindurchsehen. Seit Ostern können wir Gottes Pläne uns durch das Leid entgegenschimmern sehen. Gott findet sich mit dem Tod eben nicht ab. Sein Ziel heißt blühen, nicht verwelken, – lieben, nicht hassen, – leben, nicht sterben. Und gerade weil wir aus diesem Glauben leben, deshalb sitzt tief in uns beim Anblick eines zerschossenen Bosniers in den Straßen Sarajewos oder eines verhungerten Kindes in Somalia eine Ahnung von der Würde und Liebenswürdigkeit gerade auch dieses Menschen.
Weil wir wissen, wie die Pläne Gottes aussehen, deshalb werden wir angesichts des immer größer werdenden Ozonlochs die aufmöbelnde Hoffnung nicht los, daß dies nicht das Ende seiner Wege mit dieser Welt sein kann. Weil wir im Glauben an Ostern erfahren haben, daß Gottes Wille zum Leben stärker ist als das Sterben in dieser Welt, deshalb werden wir die heilsame Unruhe nicht los, die uns die Stimme erheben läßt gegen alles zerstörerische Tun, mit dem diesem Planeten der Garaus gemacht werden soll.
Zwei Dinge also zeichnen uns aus, liebe Gemeinde, wenn wir den gekreuzigten und auferstandenen Christus als unseren Herrn bekennen: zum einen das realistische Wahrnehmen des Leides, zum anderen die Hoffnung darauf, daß gegen alles Leid Gott sich noch ein letztes Wort über diese Erde vorbehalten hat. Wenn Sie so wollen, sind wir Christen hoffende Realisten. Und weil wir das sind, deshalb werden wir zu einer heilsamen Unruhe in dieser Welt heranwachsen. Genausowenig wie wir uns länger vertrösten lassen auf das Paradies – dazu sind wir viel zu realistisch –, genausowenig werden wir uns abfinden mit dem Leiden in dieser Welt – dazu sind wir viel zu sehr Hoffende. Wer nämlich eine Hoffnung hat, liebe Gemeinde, der legt nicht die Hände in den Schoß. Wer weiß, mit welchen Plänen Gott auf diese Welt zukommt, der geht ihm entgegen.
Wie sagt Paulus doch: »Denn das ängstliche Harren der Kreatur wartet darauf, daß die Kinder Gottes offenbar werden!« Die ganze Schöpfung also wartet darauf, daß wir mit unserer großartigen Hoffnung endlich nicht mehr hinter den Berg halten:
Diese Erde, mit ihren Pflanzen, ihren Tieren, ihren Menschen wartet auf uns. Wartet darauf, daß wir erzählen von dem Menschen Jesus von Nazareth, wie er mit den Menschen umgegangen ist, den Kindern, den Kranken, den Ärmsten der Armen. Wartet darauf, daß wir's erzählen – und daß wir tun, was wir erzählen!
Gott hat diese Erde geschaffen und sie war sehr gut – nach seinen eigenen Worten. Die Pflanzen, die Tiere, die Erde und die Luft warten darauf, daß wir's ihnen erzählen – und daß wir tun, was wir ihnen erzählen!
Gott hat sich mit dem Martertod am Kreuz nicht abgefunden, sondern hat durch die tieften Todestiefen hindurch das Licht eines neuen Lebens aufscheinen lassen. Die Toten aller Kriege, die Opfer der Folter, die Hungernden dieser Welt warten darauf, daß wir's ihnen erzählen – und daß wir tun, was wir ihnen erzählen!

Habe ich nun doch meine Eingangsworte Lügen gestraft? Habe ich nun doch das Leiden, das uns quält, vom Tisch gewischt mit einem oft so penetranten christlichen Optimismus? Ich hoffe nicht! Das Leid dieser Welt liegt auf dem Tisch und wohl uns, wenn wir davor nicht die Augen verschließen. Es ist an uns, dieses Leid zu benennen und mehr noch: es zu tragen. Daß uns dabei die Kräfte nicht verlassen, dafür hat uns unser Herr mit einer weitgreifenden Hoffnung beschenkt. Daß wir von dieser Hoffnung erzählen – und daß wir tun, was wir erzählen, darauf wartet diese Welt.

Buß- und Bettag

Predigttext: Offenbarung 3,14–22

Eschel Alpermann

Theologisch-homiletische Skizze

Der Buß- und Bettag ist vielerorts durch volkskirchliche Tradition geprägt. Wo dörfliche und kleinstädtische Strukturen bestimmend sind, gehört der Kirchgang (oft einschließlich der Teilnahme an der Abendmahlsfeier) zur Gestaltung dieses Tages dazu. Die Predigttexte zeichnen sich durch Vertiefung des Bußgedankens, der vorsorglichen Reue, die Gottes strafendem Handeln zuvorkommen und ausweichen will, und durch Hinweise und Aufruf zur Umkehr aus. Obwohl vielfach auch darauf hingewiesen wird, daß Buße den Weg zur Freude freigibt, bleibt zu oft die Stimmungslage der Gottesdienste am Buß- und Bettag gedrückt, beklemmend und freudlos. Die evangelische Predigt gerät in Gefahr, durch die Auswahl der Predigttexte und Lieder mehr Furcht und Zittern als Freude zu verbreiten. (Man ziehe im stillen einen Vergleich mit einem Oster- oder Weihnachtsgottesdienst!)
Unabhängig von der Frage, ob dieser Anlaß künftig als staatlicher Feiertag dort erhalten bleibt, wo dies bislang gesetzlich gesichert war, ist von einer sozialpolitischen Bedeutung dieses Feiertages dank langjähriger Tradition auszugehen. Prediger erfüllten die Erwartung, über das Böse in der Welt herzuziehen und die Tugenden anzupreisen; die Welt geriet – wenigstens verbal – in Ordnung! Tatsächlich befriedigte die heimliche Freude am Laster manches Gemüt. An den Verhältnissen änderte sich (vielleicht auch gerade deswegen!) wenig. Lohnend erscheint mir jeder Versuch, die ordnungspolitische Bedeutung des Buß- und Bettages aufzugeben und freudenvollere Töne anzustimmen. Die Schelte der Gemeinde in L. möchte ich nicht vertiefen, da diese in die Rolle eines kollektiven Sündenbockes gedrängt werden und zugleich die Hörergemeinde sich entlastet sehen könnte. Eine Einführung in die Verhältnisse in L. unterbleibt; Anspielungen, die der Hörergemeinde nützen können, heutige Probleme anzugehen, genügen. Wichtig scheint mir, die Kritik an der Gemeinde in L. zu unterscheiden von notwendiger Kritik heute, die in jedem Falle das Individuum sowohl eingebunden in ein Kollektiv (Gemeinde) wie auch unabhängig von Gruppenzugehörigkeit wahrzunehmen bereit ist. Die Predigt könnte dazu beitragen, den Ort und die Last der Verantwortung für den Einzelnen (in- und außerhalb der Gemeinde) aufzuzeigen, Änderungsvorschläge anzubieten und zu ermutigen, zuversichtlich sich im Sinne Jesu zu engagieren. Warum sollte dies nicht Freude bereiten?

Vorschläge zur Liturgie

Eingangsspruch
Herr, wir liegen vor dir mit unserm Gebet und vertrauen nicht auf unsre Gerechtigkeit, sondern auf deine große Barmherzigkeit. (Daniel 9,18b)

Gebet
Gott! Aus der Tiefe rufen wir zu Dir. Arm an Glauben, halbherzig im Lieben und unentschlossen, wenn es um Gerechtigkeit und Frieden gehen soll, so stehen wir vor Dir! Dennoch willst Du, daß wir zu Dir rufen, unser Herz Dir zuwenden und nach Deinem Willen leben. Gib uns Einsicht, wo wir geirrt und versäumt haben. – Nimm um Jesu Christi willen von uns alles, was zwischen uns und anderen mißlungen ist. Herr, unser Gott, ermutige uns, gute Vorsätze gewissenhaft auszuführen, im anderen Menschen Dein Ebenbild zu suchen und Deinem Willen in unserem Denken, Planen und Tun Geltung zu verschaffen. – Herr, erbarme Dich!

Gnadenspruch
»Ich habe dich einen kleinen Augenblick verlassen, aber mit großer Barmherzigkeit will ich dich sammeln. Ich habe mein Angesicht im Augenblick des Zorns ein wenig vor dir verborgen, aber mit ewiger Gnade will ich mich deiner erbarmen, spricht der Herr, dein Erlöser.« (Jesaja 54,7f.)

Kollekte
Gott und Vater, wir verstehen oft die Wege nicht, die Du uns führst. Doch Du hast nicht nur unser vorläufiges Wohl im Sinn, sondern willst uns auf Wege zur Seligkeit leiten. Dafür wollen wir Dir ausdrücklich danken und Dir reiches Lob spenden. Denn Du lebst und lenkst überlegen alle Gewalten und übst Deine Herrschaft durch gewaltige Liebe aus. Dich rühmen wir, Vater, der Du mit Jesus Christus, Deinem Sohn, in Einheit mit dem Heiligen Geist alles in Händen hältst bis in Ewigkeit.

Lesung
Vorschlag: Lukas 15,1–10. Bei entsprechendem Bezug in der Predigt auch Lukas 19,1–10 sinnvoll.

Schlußgebet A
Gott, lieber Vater im Himmel, Du willst Dich mit dem gegenwärtigen Zustand unserer Erde nicht zufriedengeben. Du weißt, was bei uns im argen liegt. Du siehst auch unseren Anteil an Irrtum und Gleichgültigkeit, an Eigensinn und Ungehorsam, wodurch wir Abhilfe und Fürsorge versäumt haben. Gott, Du willst, daß wir zu Dir umkehren und zum Leben finden. Deshalb mahnst Du uns; deshalb stellst Du uns den Ernst Deiner Absicht deutlich vor Augen!
So bitten wir Dich heute, lieber Herr, vor allem um wache Sinne und gehorsame Herzen, die Deinen Willen erfüllen wollen. Verwehre uns die Ausreden, die alles Bisherige unverändert bestehen lassen. Überzeuge uns von der Notwendigkeit, gerade bei uns selbst die Umkehr zum Leben zu vollziehen und aus den Schatten herauszutreten, die das Zusammenleben mit anderen verdunkeln.

Vergib unseren Kleiniglauben, der nicht mit Deiner Hilfe und Kraft zu rechnen wagt. Brich unser Schweigen, das uns überfällt, wenn wir Leiden durch Krieg, Gewalt und Unrecht bemerken. Und löse unsere Lähmung der Tatenlosigkeit und Ohnmacht, wenn Not, Elend und Leid anderer unser Bewußtsein erreichen. Führe uns, Deine Gemeinde, aus angepaßter Lauheit und farbloser Beliebigkeit zu entschlossenem Eintreten für bitter Gehaßte, maßlos Geächtete, hartnäckig Verdächtigte und um ihre Menschenwürde Betrogene! Unter den Drogenabhängigen und Arbeitslosen, unter Rechtsbrechern und Fremden hat das Wort Deines lieben Sohnes die Sehnsucht nach Umkehr ausgelöst und Hoffnung auf Leben geweckt. Deshalb laß auch uns die Spur der Liebe aufsuchen und Jesus nachfolgen. – Stärke in uns die Hoffnung auf Dein Reich!

Schlußgebet B
Herr, Du Gott der Gnade und Barmherzigkeit, Dein Wort hat unsere Herzen erreicht; Du wartest auf unsere Antwort, auf die Antwort aus Taten der Liebe und Bekenntnis zu Dir! Wir bitten im Vertrauen darauf, daß Du unsere Schuld auslöschen kannst und vergeben willst: Tilge alles, was trennend und zerstörerisch zwischen uns und unsre Mitmenschen getreten ist, besonders Neid und Haß, Mißgunst und Eifersucht, überzogene Wünsche und grenzenlose Unterstellungen. Du, Herr, kannst uns dazu verhelfen, daß wir fruchtloses Streiten aufgeben und alte Gräben zuschütten wollen. Dir ist es möglich, im Geist Jesu Einsicht zu stiften und Hoffnung auf Annäherung zu entfachen, damit Friede unter uns wachse und Gerechtigkeit zunehme. Laß uns darauf achten, daß wir den Benachteiligten Aufmerksamkeit und Achtung schenken, die Sprachlosen zu Wort und Recht kommen lassen und der Neigung zum Gebrauch der eigenen Ellenbogen bei uns selbst Einhalt gebieten!
Herr, guter Gott und Freund des Lebens, zeige uns in Jesus Christus den Weg zum Leben, damit wir das Leben in deinem vom Tode erstandenen Sohne finden! Laß uns in jeder Hinsicht der Liebe verpflichtet bleiben, die an der Not anderer Anteil nimmt und Dein Erbarmen zum Vorbild wählt. Ewiger Gott, laß uns von Herzen froh werden, daß Umkehr zu Dir Glück und Wohlsein bedeutet, weil wir in Dir unseren Vater von Ewigkeit gefunden haben.

Vorschläge zur Predigt

Möglicher Anfang – Fassung A (Reflexion)
»Frohe Botschaft, gute Nachricht erwarten wir mit Recht aus der Predigt des Evangeliums zu hören; gewiß auch an diesem Tage! Dem scheint der Grundtenor des siebten und letzten Sendschreibens, das nur wenige Generationen nach Jesu Tod an die kleinasiatische Gemeinde in Laodizea gerichtet wurde,

kaum zu entsprechen. Unbehagen drängt sich auf. Statt wohltuender Ermutigung und erwünschter Anerkennung klingt herbe Kritik und unverhohlene Mißbilligung an dieser Gemeinde aus den Sätzen des Verfassers. Das Bemühen dieser Gemeinde, gegenüber den Mitbürgern sich in einem angenehmen Licht darzustellen und die eigenen Erfolge werbewirksam glänzen zu lassen, wird abfällig verhöhnt und als Fehlleistung angeprangert.

Kein Wunder also, wenn die Gemeinde in Laodizea sich gründlich mißverstanden und bloßgestellt sehen sollte! Schlimmer noch: Da solch grober Tadel auch das Ehrgefühl zu verletzen vermag, wird wohl auch das Engagement der Gutwilligen zugunsten der gemeinsamen Sache bald welken. – Warum bloß diese bittere Enttäuschung, die jede Freude ersticken muß?«

Möglicher Anfang – Fassung B (Fiktiver Besuch aus L.)

»Gäste sorgen häufig für Überraschungen! Heute begrüßen wir weitgereiste Gäste, nämlich Christen aus der kleinasiatischen Gemeinde der Stadt Laodizea. Wir werden ihren Bericht anhören, den sie über ihre Gemeinde abgeben wollen. Im Anschluß an die Ausführungen können Fragen an unsere Gäste gerichtet werden. – Wir sind erfreut über den überraschenden Besuch und heißen die Gäste herzlich willkommen! – Bitte! Sie haben das Wort!«

Im folgenden kann sich eine Darstellung der Gemeinde Laodizeas anschließen, die das Selbstbewußtsein und die Leistungen der Stadt widerspiegeln.

In den anschließenden Fragen an den Bericht kann das soziale Gefälle innerhalb der Gemeinde, der Umgang mit Fremden, Arbeitslosen und Kranken/Behinderten ausgelotet werden.

Reizvoll können Rückfragen an die hiesige gastgebende Gemeinde sein. Bewußt eingeführte Mißverständnisse können zur weiteren Verdeutlichung genutzt werden. Die dabei verfolgte Absicht zielt darauf, Hörer die örtliche Gemeindesituation wie in einem Spiegel sehen und erkennen zu lassen.

Die Verabschiedung der Gäste schließt den Dank für Besuch und Bericht ein. Die Rückreise ist als Reise in die geographische Ferne wie auch in die geschichtliche Vergangenheit zu verstehen. So ist dies auch den Hörern mitzuteilen.

Anmerkung:

Tatsächlich leben in Köln, Karlsruhe und Mannheim Christen türkischer Staatsangehörigkeit, deren Muttersprache arabisch ist. Ihr Gottesdienst hat orthodoxen Charakter; ein aramäischer Dialekt wird gesprochen. Vor dem Druck einer Islamisierung sind diese Christen ins Ausland gewichen. Viele haben in Deutschland Asyl erhalten! Die Verfolgungssituation ist für »Christen in Kleinasien« nach wie vor aktuell!

Zum weiteren Verlauf (nach A)

Es ist vermutlich nicht üble Absicht des Briefschreibers, besserwisserisch die Christen Laodizeas zu kritisieren oder zu bevormunden. Es ist an wohlmeinenden Rat zu denken, der die Übereinstimmung von gewonnener Glaubensüberzeugung und praktiziertem Glaubensgehorsam zu bedenken gibt. Er empfiehlt: »Ich rate dir, daß du Gold von mir kaufst.« Hinter dem sarkastisch klingenden Tonfall steht die begründete Sorge, die Gemeinde könnte die Gewißheit ihres durch Christus geschenkten Heils durch Gewinn und Besitz materieller Güter (wie Wolle und Tuche, Augensalbe und Kaufkraft) vertauschen oder als ersetzbar betrachten.

Laodizea tritt gerade nicht durch diakonischen Einsatz zugunsten anderer hervor. Und die Predigt von der Rechtfertigung des Sünders durch Glauben prägt nicht die Identität jener neu-reichen Christen. Ihr Reichtum ist von fragwürdigem Wert. »Der Reichtum des Verfügbaren täuscht hinweg über die Armut an Unverfügbarem« (Hans Weder). In Wahrheit steht dem reichen Besitz ein Fehlbedarf an geläutertem Gold, d.h. an Reinheit gegenüber. Schwarze Wolle und Gewänder sind das Vorzügliche, was anscheinend zu Stolz berechtigt. Doch weiße Gewänder werden benötigt, um die als Nacktheit bezeichnete Erbarmungswürdigkeit zu überwinden. Und die aus heimischer Produktion exportierte Augensalbe kann nicht den fatalen Mangel an eigenem Sehvermögen ausgleichen, »den Wahn, nicht auf Gott und seine Gaben angewiesen zu sein« (Weder).

Im weiteren wäre darzulegen, daß Traditionen oder Orte von kirchengeschichtlicher Bedeutung, politischer Einfluß oder diakonische Organisation für sich genommen nach Dietrich Bonhoeffer dem Vorletzten zuzurechnen sind. Im Horizont des Letzten bleibt ein Offenbarungseid nicht ausgeschlossen. Weil dies für die Gemeinde in L. zu befürchten ist, wird vernehmlich die Sturmglocke geläutet!

Heute mag anderes fälschlicherweise Selbstsicherheit unter christen begründen. Dagegen ist von Paulus zu lernen: »Einen andern Grund kann niemand legen als den, der gelegt ist, welcher ist Jesus Christus« (1 Kor 3,11; vgl. EKG 250,3).

Die Lernschritte der Gemeinde werden nicht nur durch Kritik, sondern insbesondere durch Einsicht – gewinnen – lassen (überführen) und Erziehung ausgelöst. Gaben, die Christen benötigen, schenkt diesen ihr Herr! Sie zu empfangen (im Mahl ihn selbst zu empfangen) ist wahrer Reichtum, Zier und Schutz! Erzogen werden bedeutet nicht bevormundet werden, sondern durch Umkehr/Buße zu Bewußtsein und Bekenntnis des Christus hingeführt zu werden.

Wörtliche Weiterführung

»Es drängt die Frage, wieweit unsere Gemeinde sich von dem Sendschreiben an jene kleinasiatische Gemeinde beunruhigen und aufwecken, ermutigen und zur Umkehr bewegen läßt. Laodizea könnte heimlicher Deckname für unsere Gemeinde sein! Wenn uns darum zu tun ist, Image zu pflegen, Gewinne anzuhäufen und Gemütlichkeit durch Abgrenzen von anderen (Fremden, Behinderten, Sozialhilfeempfängern, AIDS-Patienten) und ihren Problemen zu sichern, werden wir unter das Urteil fallen, das Laodizea zu fürchten hatte. Freilich, auch versöhnliche Worte gehen an die Adresse einer Gemeinde, die sich in gespannter Ausrichtung auf ihren Herrn gelassen an die von der Liebe gebotenen Aufgaben macht. Das fast unmerkliche Anklopfen an unserer Tür wird von den Hochsensiblen, den Wachenden, den zum Tür-öffnen Entschlossenen zur Begegnung und zur Gemeinschaft mit dem Gast wahrgenommen. Die Unterscheidung vieler Geräusche von dem bedeutsamen Zeichen, das die Begegnung ermöglicht, ist vonnöten. Daher ist das zum Leben Anstoß gebende Wort von den Wörtern zu scheiden, die laut und leer den Raum füllen. Am besten: wir nehmen dieses Wort in uns auf! So dient es uns als Richtschnur, als Zugehörigkeitsnachweis und Wert-Zertifikat.«

Möglicher Abschluß

»Unsere Zeit hat viele globale Probleme und zwischenstaatliche Konflikte noch ungelöst vor sich zu liegen. Auch machtvolle Organisationen und Gremien sind oft gehindert, vertretbare Lösungen zu schaffen; ihre Ohnmacht ist offensichtlich. Zugleich wird es von vielen einzelnen abhängen, die Gestalt dieser Erde zu bewawhren, den Frieden einzurichten und Gerechtigkeit anzumahnen.
Martin Niemöller faßte sich kurz. ›Was würde Jesus dazu sagen?‹ wiederholte er mit Bekennermut. – Dies genügt, um glücklich zu sein. Umkehren und hinfinden zu Jesus, der mit seinem Geist unter uns ist.«

Kontexte

EKG 252,2: Lasset uns mit Jesu leiden, seinem Vorbild werden gleich! Nach dem Leide folgen Freuden, Armut hier macht dorten reich …

Matthäus 5,3–10: Jesu Seligpreisungen, besonders 5,3! – Matthäus 6,19ff.: Schätzesammeln.

Matthäus 7,12–14 enge/weite Pforte bzw. Weg.

Matthäus 7,21: Tun des Willens Gottes.

Matthäus 16,26: Schaden an der Seele.

Lukas 14,27: Jünger sein.

Lukas 12,12–21 Kornbauer; trügerisches Vertrauen auf Zukunftssicherung (Lk 18,18–27).

Zu Warnung, Umkehr: 2. Könige 17,13 (pauschal)

2. Samuel 12: David und Mathan. Dazu Psalm 51.

Hiob 42,1–6: Hiobs Schuldbekenntnis.

Matthäus 10,32f.: Bekennen vor Menschen und vor dem himmlischen Vater.

Matthäus 25,31–40 (41–46): Weltgericht; Werke der Barmherzigkeit.

Gedenktag der Entschlafenen

Predigttext: Philipper 1,21–28

Klaus Zillessen

Theologisch-homiletische Skizze

1. Was möchte ich aus diesem Briefabschnitt weitergeben?

a) Leben und Tod sind nicht unüberbrückbare Gegensätze
sondern in Christus miteinander verbunden

Was hier in Phil 1 vorausgesetzt wird, wird in Römer 14,8+9 klar ausgesprochen: »Leben wir, so leben wir dem Herrn, sterben wir, so sterben wir dem Herrn. Also: Wir leben oder sterben – wir sind des Herrn. Denn dazu ist Christus gestorben und wieder lebendig geworden, daß er über Tote und Lebende der Herr sei.« Damit ist nicht nur die Brücke zwischen Leben und Tod sondern auch zwischen uns Lebenden und unsern Toten geschlagen. Darüber hinaus gilt: Um Christi willen wird auch mein Sterben mich nicht von meinem Leben hier trennen. »Der Tod kann uns nicht scheiden von der Liebe Gottes, die in Christus ist, unserem Herrn.« (Römer 8)

b) Leben und Tod – beides verheißt »Lust«! Beides ist begehrenswert,
beides macht Paulus sehnsüchtig

Leben heißt: »Frucht schaffen können«, dem andern »zur Freude und Förderung« verhelfen können. Das ist »notwendig«, also sinnvoll und lebenswert. Sterben heißt: »Bei Christus sein« dürfen; auch das ist »Gewinn« und »Lust«, im letzten sogar »viel besser«. (Die Todessehnsucht des Paulus ist also keine depressive oder resignierende Weltflucht.) Er sieht sich in der Qual der Wahl zwischen zwei überaus verlockenden, erstrebenswerten Möglichkeiten. Lebenswille und Todessehnsucht sind für ihn beide Ausdruck von »Lebenslust«.

c) Im Leben und im Steren suchen und finden wir Gemeinschaft

Im Tod sind wir »bei Christus« – (darauf hat Paulus »Lust«, das ist für ihn »Gewinn« und eigentich das viel Bessere). Im Leben kann er Gemeinschaft mit den Philippern finden, kann sie besuchen, »bei ihnen sein und bleiben«, ihnen zur »Freude und Förderung«. Wenn Paulus die Wahl hätte (aber er kann den Ausgang seines Prozesses und seiner Gefangenschaft nicht beeinflussen), dann würde er sich für das jetzt sinnvolle Notwendige gegen das (eigentlich) »viel bessere«, Künftige entscheiden. Obwohl der Tod das »viel bessere« ist, entscheidet sich Paulus für das weitere Leben »im Fleisch«, die Gemeinschaft mit den Philippern. Konkret lebt er diese Gemeinschaft jetzt so, wie es ihm als Untersuchungsgefangenem möglich ist: Er schreibt den Philippern diesen Brief, er schmiedet Besuchspläne (für den Fall, daß er freikommt), er weiß sich in gegenseitiger Fürbitte mit ihnen verbunden.

2. Wem möchte ich das weitergeben?

Zum »Totensonntagsgottesdienst« werden wohl in den meisten Gemeinden die Angehörigen der Verstorbenen des zurückliegenden Jahres eingeladen (s. »Zur Liturgie«). Ein nicht unerheblicher Prozentsatz dieser Eingeladenen kommt. Allerdings ist diese Gruppe in sich nicht homogen: Bei manchen Angehörigen liegt der Todesfall erst wenige Tage oder Wochen zurück, bei anderen schon etliche Monate, fast ein Jahr. Sie sind also in ganz unterschiedlichen Phasen ihrer »Trauerarbeit«. – Manche sind gekommen »weil sich's gehört«, manche mit schlechtem Gewissen (»Wir hatten unseren Toten eigentlich schon fast vergessen ...«). Andere kommen mit unbeantworteten und unbeantwortbaren Fragen. Sowohl unter den »normalen« regelmäßigen Gottesdiensbesuchern werden solche sein, bei denen der »Totensonntag« (und dieser Predigttext) latente depressive Schichten ihres Bewußtseins an die Oberfläche steigen läßt – bis hin zu Todessehnsucht, Todeswünschen, Suicidgedanken ... im ganzen also eine komplizierte Hörergemeinde. Ich möchte mit diesem Predigttext auch Mut zum (weiter-)leben machen.

3. Wie möchte ich die Botschaft von Phil 1 weitergeben?

a) Die besondere Situation dieses Tages und der Gottesdienstbesucher verbieten homiletische Extravaganzen und Experimente, allzu Originelles und Gewolltes. Diesmal ist eine *seelsorgerliche*, gediegene (in der Form aber eher konservative) *Predigt* angezeigt, die auf die Dünnhäutigkeit der Hörer Rücksicht nimmt.

b) Neben dem Wort soll diesmal die *»Trösterin Musik«* mehr als sonst zum Zuge kommen. Dazu einige Hinweise: Wer auf einen guten *Organisten* zählen kann: Orgelchoräle von Bach (teilweise aus dem »Orgelbüchlein«) über »Mit Fried und Freud fahr ich dahin«, »Herzlich tut mich verlangen«, »Jesus meine Zuversicht«, »In dir ist Freude« ... Partita von Georg Böhm: »Ach wie flüchtig, ach wie nichtig«, Brahms Orgelchoräle ...

Wenn ein leistungsfähiger *Chor* zur Verfügung steht: Schützmotette »Die mit Tränen säen«, L. Lechner »Sprüche von Leben und Tod«, als eindrucksvolles Memento-Mori, vielleicht auch der Lübecker Totentanz von Hugo Distler, Bachkantaten (z.B. »Ich habe genug« Nr. 82 über das »Nunc dimittis«) oder die kleine Buxtehudekantate über unseren Predigttext »Ich habe Lust abzuscheiden« (Bärenreiter Nr. 894/1949), in den Zwischenarien allerdings mit barocken Texten, die voller Gedanken der Weltflucht aus dem »Jammertal« dieser Erde sind (z.B.: »Spann aus, ach frommer Gott, mich aus meinem Karren, erlös mich aus der Qual und Not, ich kann nicht länger harren, der Welt und Lebens bin ich satt ...«). Wer einen *Sänger* (mit Klavierbegleitung) zur Verfügung hat: Brahms, »Vier ernste Gesänge« über Texte aus Prediger 3 und 4, Sirach 41,1–4 und 1. Korinther 13,1–3,12+13).

4. Wer bin ich selbst der ich das weitergeben möchte?

Welches Verhältnis habe ich selbst zu Leben und Sterben, Leben und Tod? Von welcher (krankhaften oder gesunden) Art sind meine Lebenslust und meine Sterbenssehnsucht oder Todesangst?

Manche Sätze aus unserem Predigttext (z.B. »Ich habe Lust abzuscheiden und bei Christus zu sein«) könnten uns zu einer Vollmundigkeit verführen, die wir mit unseren persönlichen Glaubensüberzeugungen nicht abdecken können. Ich wünsche mir selbst die Nüchternheit und Aufrichtigkeit jener alten Pfarrfrau (aus meiner weiteren Verwandtschaft), die an ihrem 85. Geburtstag halb verlegen, halb verschmitzt gestand: »Eigentlich müßte ich jetzt ja (als gute Christin und dazu noch in meinem Alter) etwas mehr Sehnsucht nach dem Himmel haben – aber ich leb' halt so gern hier auf dieser Erde!«

Oder anders und etwas respektloser formuliert: Wir evangelischen Pfarrer haben im Vergleich zu andren Berufsgruppen angeblich die höchste Lebenserwartung – haben wir es also doch nicht so sehr eilig damit, »abzuscheiden und bei Christus zu sein, was doch viel besser wäre«?

Zur Liturgie

Im Vorfeld des Gottesdienstes:
In den meisten Gemeinden werden zum Gottesdienst am Ewigkeitssonntag die Angehörigen der Verstorbenen der letzten 12 Monate mit einer sorgfältig gestalteten (z.B. Grafik oder Kunstdruck) Doppelkarte etwa drei Wochen vorher eingeladen. Der Text (gegenüber der Bildseite) könnte so formuliert sein: »Sie haben im vergangenen Jahr einen Angehörigen verloren. Unsere Gemeinde gedenkt im Gottesdienst am Gedenktag der Entschlafenen, Sonntag, den ... um ... Uhr in der Evangelischen Auferstehungskirche zu ... der Toten unserer Gemeinde, nennt ihre Namen, bringt sie im Gebet vor Gott und hört auf Gottes Verheißungen. Wir laden Sie zu diesem Gottesdienst herzlich ein. Ihr Gemeindepfarrer ...«

Eingangspsalm
Entweder aus Psalm 126: »Wenn der Herr die Gefangenen Zions erlösen wird, dann werden wir sein wie die Träumenden. Dann wird unser Mund voll Lachens und unsere Zunge voll Rühmens sein. Dann wird man sagen unter den Völkern: Der Herr hat Großes an ihnen getan. Ja, der Herr hat Großes an uns getan, des sind wir fröhlich. Die mit Tränen säen, werden mit Freuden ernten. Sie gehen hin und weinen und streuen ihren Samen und kommen mit Freuden und bringen ihre Garben .«
Oder aus Psalm 39: »Herr, lehre mich doch, daß es ein Ende mit mir haben muß, daß mein Leben ein Ziel hat und ich davon muß. Siehe, meine Tage sind eine Handbreit bei dir, und mein Leben ist wie nichts vor dir. Wie gar nichts sind alle Menschen, die doch so sicher leben. Sie gehen dahin wie ein Schatten und machen sich viel vergebliche Unruhe; sie sammeln und wissen nicht, wer es einbringen wird. – Nun Herr, wessen soll ich mich trösten? Ich hoffe auf dich.«

Bußgebet/Sündenbekenntnis
Herr, wir denken zurück. Trauernd, noch immer trauernd, hilflos, manchmal auch bitter denken wir an die Menschen, die wir verloren haben. Wir suchen nach Trost, der uns weiterleben läßt. Wir bitten dich: Herr erbarme dich unser (Badischer Agendenentwurf).
oder:
Gott, Angst vor dem Sterben will uns manchmal überfallen, dunkle Trauer um unsere Toten, Trauer, die sich nicht trösten lassen will. Vergib unseren Kleinglauben, laß das Licht der Hoffnung, die du verbürgst, bei uns hell aufstrahlen.

Gnadenzusage
»Um Trost war mir sehr bange. Du aber, Herr, hast dich meiner Seele freundlich angenommen, daß sie nicht verderbe« (Jes 38,17)

oder: »Ich bin gewiß, daß weder Tod noch Leben, weder Gegenwärtiges noch Zukünftiges uns scheiden kann von der Liebe Gottes, die in Christus Jesus ist, unserem Herrn.« (Römer 8)
oder: »Christus spricht: Den Frieden lasse ich euch, meinen Frieden gebe ich euch. Euer Herz erschrecke nicht und fürchte sich nicht.« (Hoh 14,27)

Kollektengebet/Tagesgebet
Gott, du hast uns gesagt, daß wir um unsere Toten nicht so trauern sollen, als wenn wir keine Hoffnung hätten. Mache unseren Glauben und unsere Hoffnung wieder stark und die Vorfreude auf das, was du jenseits der Todesgrenze schenken willst, wieder hell und wach.

Gestaltung des gottesdienstlichen Teils, in dem *der Toten gedacht* wird – im Zusammenhang mit dem *Fürbitten- bzw. Schlußgebet*:
a) Ankündigung dieses Gottesdienstteils
b) Verlesen der (Vor- und Zu-)Namen der Verstorbenen (Lebensalter? Adresse? Beruf?)
c) Stille
d) geistliche Musik (s. »theologisch-homiletische Skizze I,3b)
e) *Gebet für die Verstorbenen und deren Angehörigen als Anfang des Fürbittengebets:*

Allmächtiger ewiger Gott, wir gedenken vor dir unserer Entschlafenen. Nimm unsern Dank für alles, was du an ihnen getan hast, auch für all das Gute, das du uns mit ihnen geschenkt hattest. Laß uns das nicht vergessen. Vergib, wo wir aneinander schuldig wurden, und vergibt, was wir uns gegenseitig schuldig geblieben sind. Mache uns, die wir über unsere Toten trauern, ruhig und zuversichtlich durch deine Verheißungen. Laß einmal über dieser vergehenden Welt den Tag anbrechen, an dem wir, von aller Gewalt des Todes erlöst, dir für immer leben, danken und uns freuen dürfen. (Nach einem Gebet aus dem Badischen Agendenentwurf.)

Vorschläge zur Predigt

Möglicher Predigtbeginn
Leben und Sterben, Tod und Leben – sonst weichen wir so großen Worten eher aus. Daß einmal im Jahr der Kalender (mit seinen Totengedenktagen im November) sie uns in Erinnerung ruft, zwingt uns noch nicht, sie uns allzu nahe kommen zu lassen. Aber dann gibt es Augenblicke, da können wir den Fragen nach Leben und Tod kaum ausweichen:
Für Paulus z.B. ging es tatsächlich um Leben oder Tod, als er diesen Brief schrieb: Er ist Untersuchungsgefangener in einem kleinasiatischen Gefängnis, und es ist nicht abzusehen, wie seine Gefangenschaft enden wird: neue Freiheit, neues Leben, Weiterleben oder Tod?

Auch für uns gibt es Zeiten, wo wir der Frage nach Leben und Sterbenmüssen kaum ausweichen können: Vielleicht hat der Arzt bei uns erste Anzeichen einer bedrohlichen Krankheit entdeckt: Werden wir weiterleben dürfen? Wie lange noch? Oder geht unser Leben von jetzt an auf's Sterben zu?
Oder – und das gilt für viele von uns heute hier im Gottesdienst – der Tod hat uns von einem Menschen getrennt, mit dem das Leben uns fest verbunden hatte. Ist diese Verbindung jetzt zerrissen oder auf schwache Erinnerungsfäden reduziert, Erinnerungsfäden, die nicht verhindern können, daß wir uns mehr und mehr voneinander entfernen?
Was bedeuten Leben und Tod für uns selbst und für unser Miteinander mit Menschen, die zu uns gehören oder einmal zu uns gehörten? Was bedeutet Leben und Sterben für unser Verbundensein mit Gott?

Zum weiteren Verlauf
a) Leben und Tod, Lebende und Tote – liegt zwischen beiden eine tiefe, unüberbrückbare »Kluft« (wie es in einem Gleichnis Jesu – Lk 16,26 – einmal ausgesprochen wird)? Ist es diese absolute Trennung zwischen beiden Bereichen, die uns so Angst macht, hoffnungslos werden und resignieren lassen will? Trennt der Tod uns Lebende von unseren Toten, mit denen wir doch einmal so fest verbunden waren? Wird der Tod einmal uns selbst ganz und gar von dem trennen, was unser Leben war?
Paulus, der selbst vor dem (noch unentschiedenen) Entweder–Oder (Weiterleben oder Sterben) steht, weiß Erstaunliches zu sagen: Leben und Tod sind für ihn *keine* unverbundenen unüberbrückten Gegensätze. Leben und Tod sind überbrückt und verbunden durch den, der lebte, starb und von den Toten auferstand, Jesus Christus. Wie ein Regenbogen ein unergründlich tiefes Wasser überspannt und das Land diesseits und jenseits der Tiefe miteinander verbindet, so sind durch Christus Leben und Tod überbrückt. Jetzt gilt: »Leben wir, so leben wir dem Herrn, sterben wir, so sterben wir dem Herrn. Ob wir leben oder sterben, wir sind des Herrn. Denn dazu ist Christus gestorben und wieder lebendig geworden, daß er über Tote und Lebende Herr sei.«
In Christus, um Gottes willen, sind wir im Tode nicht von unserem eigenen Leben abgetrennt. Durch Christus sind wir Noch-Lebenden auch mit unseren Schon-Verstorbenen verbunden.
Die segnenden Arme des Gekreuzigten und Auferstandenen sind zur einen Seite uns Lebenden und zur anderen Seite unseren Toten zugewandt …
b) Weil im Leben und im Sterben Christus auf uns wartet, Gott uns begegnet, deswegen kann letztlich weder hier noch dort Schreckliches auf uns zukommen. Der Gedanke, an den Tod *und* der an's Weiterleben, beides erfüllt Paulus mit Sehnsucht. Sehnsucht nach dem Weiterlebendürfen, Sehnsucht und Vorfreude auf den Tod. Wenn er die Wahl hätte zwischen Weiterlebendürfen und Sterbendürfen – er wüßte kaum, wofür er sich entscheiden sollte.

Das ist nicht die Wahl zwischen dem Guten und dem Bösen oder die Wahl zwischen zwei Übeln (dem »Jammertal« dieser Erde und dem Nichts des Todes oder der Langeweile eines bläßlichen ewigen Leben). Es ist die Qual der Wahl zwischen zwei Möglichkeiten, die beide unvergleichlich reizvoll und verheißungsvoll sind: Weiterlebenkönnen – das hieße ja »Früchte schaffen können«, kreativ sein können, säen, arbeiten, ernten können. Sterben aber hieße: Die Früchte der Ernte Gottes genießen dürfen, mit Christus ein fröhliches Erntefest feiern dürfen. Da fällt die Wahl schwer, die Wahl zwischen dem Notwendigen und dem Schönen, zwischen dem Sinnvollen und dem Guten, die Wahl zwischen Freude und »Lust« …

c) Leben und Tod – beide eröffnen Gemeinschaft (und darum versprechen sie auch beide Freude und »Gewinn«).

Der Tod eröffnet neue wunderbare Gemeinschaft mit Christus: Endlich bei ihm sein dürfen, ganz und uneingeschränkt, ganz anders und viel besser als jetzt! Da könnte man geradezu Lust bekommen auf's Sterben! (Diese Todessehnsucht hat also gar nichts zu tun mit depressiver Weltflucht, die den Tod sucht.) Die Todessehnsucht des Paulus ist pure Lebenslust. Wir »verlieren« im Tod unser Leben nicht, sondern »gewinnen« Gemeinschaft mit Gott.

Aber auch das Weiterleben hier und jetzt eröffnet das Glück von Gemeinschaft: für Paulus die Gemeinschaft mit einer Handvoll Menschen in Philippi, einer Purpurhändlerin namens Lydia, einem Gefängnisaufseher und dessen Familie, ein paar anderen Freunden … Weiterleben heißt: für andere dasein können, bei anderen bleiben und selbst darin Freude finden.

Das gibt für Paulus den Ausschlag: Wenn er wählen könnte – er würde sich für das jetzt Notwendige, Sinnvolle, nämlich die Gemeinschaft mit diesen Menschen in Philippi entscheiden …

Möglicher Schluß

Leben oder Sterben, Tod oder Leben – in jedem Fall geht es also darum Gemeinschaft finden zu können, Gemeinschaft mit Christus, Gemeinschaft mit Gott, Gemeinschaft mit Menschen hier und jetzt. Gemeinschaft aber will gepflegt und gelebt werden: Selbst in der Isolation eines Untersuchungsgefängnisses ist das noch möglich:

Paulus pflegt die Gemeinschaft mit seinen Freunden in Philippi, indem er ihnen einen Brief (diesen »Philipperbrief«) schreibt, Besuchspläne schmiedet und sich mit ihnen in gegenseitiger Fürbitte verbunden weiß. Vielleicht ist das auch für uns eine gute Anregung: Nachdem wir in diesem Gottesdienst Gemeinschaft mit Gott erfahren und durch unser Totengedenken die Verbundenheit mit unseren Verstorbenen gepflegt haben, könnten wir heute Nachmittag – wie Paulus – ein oder zwei Briefe schreiben, Reisepläne schmieden, einen Besuch vereinbaren, uns auf die Begegnung mit anderen freuen, einem anderen die Freude eines Besuches schenken, für einen bestimmten Menschen beten und so vielfältige Verbundenheit erleben und erleben lassen.

Ewigkeitssonntag

Predigttext: Jesaja 65,17–19(20–22)23–25

Heinz Behrends

Theologisch-homiletische Skizze

So ist das. Die große Verheißung der Rückkehr von den Ufern Babylons nach Hause ist erfüllt. Aber die Zeit des Heils steht noch aus. Nun ist Krise im Volk. Die Identität Israels nach dem großen Zusammenbruch ist noch ungeklärt. Die Umgestaltung nach der Wende hat noch nicht stattgefunden. Allzuschnell lebt man wieder in den alten Bezügen und Mustern (Gottesdienstpraxis IV/4). Hier steigt der Prophet Tritojesaja, der große Tröster, mit seiner Botschaft ein. Gott wird alles neu schaffen, und er wird sich darüber freuen. Die Menschen werden bauen und bewohnen, pflanzen und essen. Die elementaren Lebensbezüge werden wieder von den Menschen erlebt und genossen. Alle Angst wird aufgehoben sein, alles Leben Raubende überwunden. Gott wird schaffen (bara) wie am ersten Schöpfungstag. Er wird wissen, was die Menschen brauchen (Vers 24). Die Neuschöpfung wird sich exemplarisch an der Stadt Jerusalem manifestieren (Vers 18). In faszinierender Weise umfaßt der Prophet die Spannung von Diesseits und Jenseits, Erde und Kosmos.
In Verse 18–24 beschreibt er in natürlichen und konkreten Bildern die Umgestaltung der Erde, im Rahmen des Textes, Verse 17+25, den transzendentalen Aspekt, die Neugestaltung des Kosmos. Hier ist keine Trennung von Himmel und Erde. Das Friedensreich ist konkret. Der Gegenstand der Hoffnung ist anschaulich. Die Erfahrung der Versprechungen ist nachvollziehbar. Menschen werden hundert Jahre alt, das kann man sich vorstellen.
Tritojesaja ist ein seelsorgerlicher Prediger. In Zeiten der gestörten Hoffnung muß man Bilder des gelungenen Lebens erzählen, muß man sich mit ihrer Hilfe in Widerspruch zu sich selbst und zu seiner Situation bringen. Auf diese Weise wird die Hoffnung zu einer Gegensprache gegen alle Erfahrung und Wahrnehmung (Steffensky). Wer ohne Hoffnung ist, setzt sich dem Terror, den Gesetzen und den Launen der Gegenwart aus. Sich lediglich auf den guten Ausgang der Dinge verlassen, ist Fortschreibung der Gegenwart ins Bessere, ist blanker Optimismus, der mit Hoffnung nichts gemein hat. Hoffnung setzt sich in Widerspruch zu sich, schafft Gegenbilder. Wir brauchen nicht Todesdaten, sondern Lebensbilder. Hoffnung kann nicht argumentieren, sie lebt von Bildern. Solche zeichnet der Prophet in reichem Maße.
Ich empfehle, als Text Jes 65,16b–25 zu nehmen. Denn in 16b schimmert noch die Gegenwart durch, in 20–22 spricht er ungemein konkret und schön von der Hoffnung. Ewigkeitssonntag ist zugleich Totensonntag. Kasus wie Letzter Sonntag im Kirchenjahr sind keine Alternativen für den Prediger. Hoffnung auf Leben wird auf dem Hintergrund der Erfahrung des Leides zu einer Frage der Existenz. Die durchlebte Trauer befreit die Hoffnungsbilder und bewahrt vor der Flucht in Illusion, Optimismus oder Resignation. Der Prediger muß die Trauernden durch Beschreiben ihrer Situation abholen. Wenn Erinnern–Wiederholen–Durcharbeiten den Weg der Trauerbewältigung beschreibt, können Gottesdienst und Predigt zur Trauerarbeit helfen. Die Hoffnungsbilder werden als Gegensprache gegen die aktuell erlebte

Wirklichkeit wirken. Ich versuche in der Predigt, mich in die Bewegung der Hoffnung einzuschwingen und benutze das Motiv des Fotos, des Bildes, als Kontinuum. Gott wird schaffen. Der Prophet spricht im Sprechakt des Tröstens. Hier ist kein Appell, kein Imperativ. Das muß der Prediger ernst nehmen. Die verunsicherte und verwundete Seele braucht als erstes keine Ratschläge, sie braucht Zuspruch, Raum, möchte aufstehen, leben, als ob das Leben gelingen kann. Das ist die Substanz der Hoffnung.

Vorschläge zur Liturgie

Psalm 126

Wenn Gott uns heimbringt
aus der Gefangenschaft –
das wird ein Traum sein.
Wir werden singen,
lachen, glücklich sein.
Dann sagt Welt:
›Ihr Gott tut Wunder.‹
Ja, du tust Wunder,
Gott unter uns,
du unsere Freude.
So bringe heim,
zum Leben wende uns,
so wie die Flüsse
in der Wüste,
beim Regen von neuem
zu strömen beginnen.
Wer sät in Bedrängnis,
wird ernten in Freude.
Seinen Weg geht der Mensch
und sät unter Tränen.
Singend mit Garben
kehrt er wieder.
(Oosterhuis, Dein Trost)

Kollektengebet

Wir haben ein Ziel, das voraus liegt. Wir spielen uns ein auf deine Zukunft, sagen und singen: Alles ist gut, was du gemacht hast. Mühselig, langsam, in Hoffnung und Furcht gestalten wir deine Verheißung aus, bauen wir an der Stadt des Friedens, an der neuen Schöpfung, wo du uns Licht bist, alles in allem. Gib uns die Kraft dazu, bring uns an ein glückliches Ende, Gott. Amen.
(Oosterhuis, Ganz nah, S. 188)

Nach dem *Verlesen der Namen der Verstorbenen:*
Psalm 90, 1–6–6.12

Fürbittengebet
Entfessle in mir die Hoffnung. Gib mir Kraft, weiter zu leben. Behüte mich auf allen meinen Wegen. Treib mich an und richte mich auf, daß ich nicht festfahre. Daß ich mich nicht abfinde mit dem Bestehenden, den herrschenden Fakten. Daß ich nicht zufrieden bin mit arm und reich, mit Ungerechtigkeit. Daß ich mich nicht einfüge in den Kreislauf vom Bösen zum Schlimmeren. Daß ich nicht, bedroht von allen Seiten, ratlos werde, mich der Verzweiflung ausliefere. Laß mich Ausschau halten nach dem, was noch nicht ist. Strecke mich aus nach dem Unmöglichen. Wie ein Hirsch reckt nach lebendigem Wasser, laß mich verlangen nach dem Tag, an dem wir in deiner Stadt versammelt sind, in dir vereint und vollendet.
Mach einen Menschen aus mir, der nach dir sucht, der bei den Unterdrückten ist, der nicht wegläuft vom Elend anderer. Gib mir Lebensmut, laß mich geduldig und barmherzig sein, mach mich wachsam.
Der du in deinem Herzen zu Rate gegangen bist, als du mich riefst. Du hat mich von Anbeginn an gekannt. So stark wird niemand jemals sein, daß er mich reißt aus deiner Hand.
(Oosterhuis, Dein Trost, S. 107)

Herr allen Lebens, ich hoffe auf dich, hoffe, dir zu gehören. Weil du mich hältst, halte ich dich fest. Für das, was war, danke ich, für das, was ist, erbitte ich die Kraft, liebend und mitleidend teilzunehmen. Für das, was wird, hoffe ich auf Versöhnung aller Dinge. Herr, du hast mich angesteckt mit der Sehnsucht nach Frieden und Freundlichkeit. Ich will nicht mit den Händen im Schoß warten, bis dein Reich vollendet ist, ich will dein Mitarbeiter sein. Meine Sehnsucht soll mich treiben, dir den Weg zu bereiten. Ich will Freundlichkeit geben dem, der sie braucht, will den Unglücklichen aufrichten , mit dem Bedürftigen teilen. Was mir Gutes gelingt, das laß den anderen zum Samen der Hoffnung werden. Und was mir mißlingt, befehle ich in deine Hände. Hoffend lebe ich. Mit Hoffnung laß mich einst sterben.
(Giessen, Gott liebt dich, S. 172)

Lieder
EKG 121; 179,1–4; 198,1–4.7–8; 320,1–3.6–7
We shall overcome (Beiheft EKG 708); Freunde, daß der Mandelzweig (Beiheft EKG 701 und Mein Liederbuch, B 127); Es kommt die Zeit (Mein Liederbuch Düsseldorf B 74); Eines Tages wird die Erde (Beiheft EKG 698 oder Mein Liederbuch B 120)

Zur Predigt

Möglicher Predigtanfang

»Welche Bilder, welche Sprache, Hoffnung auszudrücken. Bauen und Bewohnen, Pflanzen und Essen soll der Mensch im Land. Die Arbeit hat Sinn. Die Generationen sind friedlich beieinander. Menschen haben ein erfülltes Leben. Sie sterben erst, wenn sie alles ausgekostet haben. Alles stimmt. Und mit Gott stimmt es auch. Die Verständigung mit ihm gelingt. Er hört und er antwortet. Wahrhaft ein neuer Himmel und eine neue Erde, mitten im Leben, mitten unter uns. So wird es sein. Kein Mensch wird das schaffen, sondern Gott selbst schafft diese Welt. Darum wird sie Bestand haben alle Zeit. Für einen Augenblick, liebe Gemeinde, werden Sie sich an den Bildern erfreut haben, sie sacken lassen und gedacht: Au ja, das wäre schön! Etlichen unter uns wollen sich die Bilder allerdings nicht einprägen. Sie schauen leer wie auf ein Foto, das sie nicht einordnen können, keinen Bezug dazu haben.«

(Hier Erfahrungen der letzten Monate oder Wochen eintragen. Ich erwarte viele Trauernde. Deshalb fahre ich wie folgt fort:)

»Sie haben immer noch den Tod vor Augen. Manches Mal haben sie in diesen Tagen den Weg zum Grab beschritten. Die Blumen – Zeichen der Liebe und der Vergänglichkeit – sind inzwischen abgeräumt. Das Grab ist winterfest. Es ist kalt geworden. Der Weg zum Grab ist immer der Weg zu einem Menschen, einem vertrauten Menschen. Sein Bild ist noch vor Augen, die Stimme noch im Ohr, die letzten Tage, die letzten Worte, ausgesprochen oder unausgesprochen. Und die große Frage – wie auch immer zueinander gestanden –: Was bin ich schuldig geblieben? Der Weg zum Grab ist immer auch ein Weg zu mir selbst, zu meiner Geschichte. Loslassen kann ich nicht! Warum nicht? Die Gegenwart ist gelähmt, die Vergangenheit hält fest, die Zukunft scheint erloschen. Wer jetzt sagt: Das wird schon wieder, bekommt einen ausdruckslosen, stummen Blick oder ein Kopfschütteln über so viel Ignoranz als Anwort. Der will wohl auf Optimismus machen. Für mich ist jetzt etwas ganz anderes dran. Das Leben ist unleserlich geworden. Der Sinn, der Blick für den Zusammenhang, in dem ich lebe, ist mir verloren gegangen. Ich muß meinen Ort neu finden. Er ist verloren gegangen mit dem, den ich verloren habe.

Da stehe ich, und da drückt mir jemand das Bild vom neuen Himmel und der neuen Erde in die Hand. Es sollen keine Kinder mehr früh sterben. Als Knabe gilt, wer hundert wird. Ein Gegenbild zu dem, was jetzt ist. Dem, der im Land der Tränen wohnt, wird eine Stadt voller Leben und Freude gezeigt. Leben wächst kontinuierlich auf Vollendung wie ein Baum wächst. Feinde wie Wolf und Schaf teilen das Leben und lassen leben.

Aber ich lege das Bild wieder aus der Hand, noch zu sehr gefangen vom Jetzt, von allem, was ich jetzt spüre und weiß.

Das Herz schägt wie ein Pendel.

Das Leben ist so ungewiß. Und ich lebe ja jetzt.
Jemand ist krank und der Ausgang ist noch offen. Da ist ein Knoten unter der Haut und das Ergebnis liegt noch nicht vor. Katastrophen, die die Gegenwart aufreißen. Da ist jemand sein Leben lang aktiv gewesen und nun droht ihm der Ruhestand. Da hat einer alles riskiert für einen Neuanfang, Zerstörung und Schuld in Kauf genommen und nun steht er mit leeren Händen da. Da ist jemand in seinem Leben nie geliebt worden, daß er sich hätte fallen lassen können, und nun kommt die große Ernüchterung und Resignation über ihn, Selbstmitleid.
Aber das Herz schlägt wieder aus zur anderen Seite. Es mag sich nicht zufrieden geben mit den Erfahrungen der Gegenwart, den Befürchtungen der Zukunft. Habe ich nicht mehr verdient als ich erlebe? Habe ich nicht besseres verdient? Sehnsucht nach Geborgenheit, nach Heimat, nach Zuhause wächst, nach Sinn und Zusammenhang.
Ich nehme das Bild des Propheten wieder in die Hand.
Ich will einen neuen Himmel und eine neue Erde schaffen, daß man an die alte nicht mehr denken wird, sagt Gott. Ich will mich einüben in das, was noch nicht ist. Das Bild fest in der Hand halten und vor Augen.

Wie geht das?
– Die Hoffnung durch die Erinnerung stärken.
Wenn ein Säugling weint, weil er Hunger hat und nicht gleich etwas zu essen bekommt, fürchtet er, zu verhungern. Das Hungergefühl bekommt etwas endgültiges. Als wenn es ans Sterben ginge. Er fühlt sich der Gegenwart ausgeliefert, hat keine Erinneurng, keine Vergangenheit. Doch er bekommt etwas zu essen, und das immer wieder. Es verdichtet sich für den werdenden Menschen die Erfahrung im Hunger, daß Mutter kommt und immer wieder dem Schmerz aufhilft. Je mehr Zuwendung, desto größer die Erfahrung: Was ich jetzt erlebe, ist nicht endgültig. Die Hoffnung nährt sich aus der Erinnerung an erlebte Bewahrung. Wie Gott sich einmal zugewandt hat, so wird er es immer wieder tun.

– Die Hoffnung nährt sich aus den kleinen Schritten.
Das kleine Gelingen übt das große ein. Von Therese von Avila wird erzählt, daß sie mit einem Freund ein sehr gutes Essen genoß. Als nun zuletzt noch der gute Pudding auf den Tisch kam, überkamen den Freund die Skrupel. Er fängt zu klagen an, daß er angesichts der Not vieler Menschen diesen Pudding nicht guten Gewissens genießen könne. »Mein Freund«, sagt Therese, »die Süße des Puddings ist nur ein Vorgeschmack auf die große Süße Gottes, die wir einmal schmecken werden.« Das Kleine wollen, wenn das Große noch nicht geht, das ganze noch aussteht. Das ist der Kern der Hoffnung. Bilder nur, Sprache, aber eine aufbrechende Kraft. Ganze Reiche hat diese Hoffnung gesprengt, Tyrannen vertrieben, Menschen verändert.

Möglicher Schluß

(Die Bilder des Textes umsetzen in die aktuelle Situation von Zeit und Gemeinde mit einem eigenen Bild. Ich fahre für meine Gemeinde mit folgendem Bild fort:)

»Das ganze steht noch aus. Bis dahin laßt uns spielen mit unserer Hoffnung gegen alle unsere Erfahrung. Ja, so wird es sein. Dann am Kröpcke, dem Zentrum unserer großen Stadt. Alle werden da sein. Die Tische der Sekten mit den Verteilschriften werden nicht mehr gebraucht oder gelesen. Protestplakate sind eingerollt. Alle kommen zu ihrem Recht auf Leben. Der Obdachlose nimmt seine Mütze ab und tanzt mit der Frau im Pelz. Der Drogenabhängige legt die Spritze beiseite. Der Jugendliche hat seine Aufgabe gefunden, in der er die Welt mitgestalten kann. Die Witwe legt die Trauerkleidung ab und kann nun Ja sagen zu ihrem Leben in Vergangenheit und Gegenwart. So wie es war, war es gut. Es ist mein Leben, sagt sie. Und der Rat der Alten wird gehört. Ein großer Camping-Tisch wird aufgestellt und alle setzen sich und essen. Alle werden satt.

Gott hat Wort gehalten.«

Kontexte

»Warum brauchen Glaube, Hoffnung, Liebe Expressionen, Gesten, Bilder? Vielleicht deswegen, weil dort, so unser Glaube und unsere Hoffnung auf dem Spiel stehen, immer mehr erwartet wird und mehr versprochen werden muß, als in einer beschreibenden Sprache ausgedrückt werden kann. Glaube und Hoffnung transzendieren das, was ist.«

(Steffensky, Feier des Lebens, S. 73)

Nach Steffensky (Wo der Glaube wachsen kann, S. 59f.) gibt es zwei Weisen, die Hoffnung zu vernachlässigen: Die Faulheit und der Überfleiß. Wer sagt mir, daß meine Arbeit gelingt, sagt der Faule. Er will einen Vorschuß an Mut haben. Der Überfleißige arbeitet, jagt und glaubt, für alles einstehen zu müssen. Wenn er scheitert, meint er, die Sache sei an ihm gescheitert …

»In der Zeit der verblassenden Träume wachsen nicht nur Beliebigkeit, Zynismus und Resignation. Es erscheinen auch die falschen Auswege. Zwei davon will ich nennen, weil sie häufig sind und weil beide zum Scheitern verurteilt sind: der Weg der Selbstsicherung und der Weg der Seltentledigung.«

(Steffensky, Wie ernähren wir unsere Träume, in: Die Sowohl-als-auch-Falle, S. 98)

Wir kommen weit her, liebes Kind
und müssen weit gehen
keine Angst
alle sind bei dir
die vor dir waren
Deine Mutter, Dein Vater
und alle, die vor ihnen waren
weit weit zurück
alle sind bei dir

keine Angst
wir kommen weit her
und müssen weit gehen
liebes Kind
(Heinrich Böll)

Herbst
Die Blätter fallen, fallen wie von weit,
als welkten in den Himmeln ferne Gärten;
sie fallen mit verneinender Gebärde.
Und in den Nächten fällt die schwere Erde
aus allen Sternen in die Einsamkeit.
Wir alle fallen. Diese Hand da fällt.
Und sieh dir andere an: es ist in allen.
Und doch ist einer, welcher dieses Fallen
unendlich sanft in seinen Händen hält.
(Rainer Maria Rilke)

Die Autorinnen und Autoren

Pfarrer Bernd Ahrens, Oberhonnefeld-Gierend; Pfarrer Eschel Alpermann, Mannheim; Pfarrer Heinz Behrends, Hannover; Prof. Dr. Hans Jürgen Benedict, Hamburg; Dr. Corinna Dahlgrün, Hamburg; Pfarrer Klaus-Peter Edinger, Walmer-Port Elizabeth, Südafrika; Pfarrer Dr. Günter Geisthardt, Landau; Pfarrer Dr. Wolfgang Gerlach, Essen; Pfarrer Dr. Reiner Jansen, CH-Frenkendorf; Pfarrer Dr. Reinhard Kirste, Nachrodt; Pfarrer Heinz-Dieter Knigge, Göttingen; Pfarrer Wolfhart Koeppen, Ortenburg; Pfarrerin Jutta Konowalczyk-Schlüter, Bremen; Pfarrer Dieter Krabbe, Nürnberg; Pfarrer Hellmuth Mönnich, Göttingen; Pfarrer Thomas Öder, Waltenhofen; Pfarrer Dr. Ernst Öffner, Neuendettelsau; Pfarrer Michael Popke, Berlin; Pfarrer Joachim Puttkammer, Graal-Müritz; Pfarrer Dr. Günter Scholz, Neu Wulmstorf; Dekan Klaus Zillessen, Waldshut-Tiengen